Ljus och mörker

Thomas Herrgård

Ljus och mörker

**En samling pjäser för barn och unga vuxna
om beroenden, sorg, relationer och modet att stå
upp för det rätta**

Förlag: BoD – Books on Demand, Stockholm, Sverige
Tryck: BoD – Books on Demand, Norderstedt, Tyskland
ISBN: 978-91-7699-449-8

Innehåll

Alla pjäser är uruppförda på Bergslagsteatern i Avesta eller av Åvestadalskolans kulturprofil. Sanna, Sanna i sin ursprungliga form 1993 och de andra mellan åren 2013-19. Gemensamt för pjäserna är att de är tänkta för stora ensembler, företrädesvis unga skådespelare och med många kvinnliga roller. Det är också så pjäserna har kommit till; där ett behov av en text har uppstått, för ett sammanhang med många unga i ensemblen, ofta också i samråd med och utifrån specifika önskemål från skådespelarna själva. Under 2019 har alla pjäserna genomgått en uppdatering och mer eller mindre bearbetats av mig på nytt.

För tillgång till musiken och eventuella uppföranderättsfrågor hänvisar jag till ATRs förlag.

Thomas Herrgård
Avesta 2019

Scheherazade

sagoberätterskan

Av:

Thomas Herrgård

Roller:

Berättare

Lyssnare 1 och 2

Scheherazade (Schamzi)

Fadima

Mamman

Pappan

Sultanen

Bödeln

Handlaren

Kunden

Sultanens tjänare

Granne

Fiskaren

Anden

Tjuvpojken

Åskådare

Folk

Fruar

Dansare

En vigselförrättare

Scen 1. Anslag (inledning)

Sultanen och hans hustru

En berättare kommer in.

Lyssnare – Vad tänkte du berätta för nåt idag?

Berättare – Jag tänkte ta historien om Scheherazade. Ja, ni vet ju hur det brukar börja… Det var en gång…

Lyssnare – Som var sandad…

Berättare – Nej det var en gång…

Lyssnare – gong… (*tar upp en gonggong och slår ett slag, ev. återkommande ljud*)

Berättare – nej, nu får ni sluta larva er och faktiskt lyssna, Det var en gång…

Lyssnare – Det där låter så gammalt och mossigt, som nån gammal saga…

Berättare – Det är ju det de är.

Lyssnare – Kunde det inte vara lite mer modernt.

Berättare – Jag kan försöka…

Musiken börjar spela pjäsens tema och ljuset går upp över dekoren av portaler på scenen. I bakgrunden kan man spela upp berättelsen som en siluett teater.

Berättare – Någonstans långt långt borta, i en inte allt för avlägsen dåtid levde en sultan med sin älskade hustru. Han var en omtyckt och aktad regent i staden han styrde över och över allt annat älskade han sin Hustru, men allt var inte som det skulle. I palatset fanns också en tjänare som sent om nätterna gick omkring i palatsets många rum och i hemlighet träffade sultanens fru. Trots att de smög med sin kärlek så tycktes alla ändå förstå, alla utom sultanen som ju hade väldigt mycket att stå i, många sultan-uppgifter som måste göras. En dag vill det sig inte bättre än att sultanen som var uppe för att hämta sig ett glas mjölk för att kunna sova bättre kom på de unga tu mitt i sitt… ja.. görande. Och i ett enda ögonblick föll hela hans värld ihop. Hela hans sinne svartnade på en sekund och utan att tveka dömde han dem båda till en omedelbar död genom halshuggning.

Scenen återges genom skuggspel och siluetter och avrättningen förkunnas genom en sorts signal som kommer att återkomma varje gång någon avrättas.

Berättare – I sin bitterhet, ilska och sorg lät han hela staden höra talas om straffet genom en tydlig signal. Och varje dag därefter hämnades han på alla kvinnor genom att på nytt gifta sig och dagen därefter avrätta sin fru igen.

Scenen kan återges komiskt genom att paren gifter sig och i slutet av bröllopsmarschen hörs ett skrik en duns av halshuggningen och den återkommande signalen som upprepas i allt högre tempo i bakgrunden av scenen.

Berättare – Över staden vilade därefter ett mörker och en skräck över det som alltjämt pågick tills en dag….

Scenen övergår till interiören hemma hos Scheherazade

Scen 2.

Hemma hos Scheherazade
Mamman och pappan går omkring och är oroliga över var Scheherazade (Schamzi) är.

Mamma – Men var är Schamzi någonstans, hon skulle hjälpa till med maten. Det har jag ju sagt flera gånger. Alltid någon annanstans än där hon ska vara den flickan.

Pappa – Hon är nog bara hos någon kompis.

Mamma – Men hon vet att hon skulle vara hemma och hjälpa till. Det är ju farligt för henne att vara ute och flänga.

Pappa – Tror du inte att du överreagerar lite nu?

Mamma – Överreagerar! Det är livsfarligt för en så vacker flicka som Schamzi att vara ute. Du vet ju själv hur karlar är.

Pappa – Ja…. Hm, vad menar du?

Mamma – Åh, vilken toffel du är! Fadima!

Fadima kommer inspringande.

Fadima – Ja, vad är det nu då?

Mamma – Har du sett Schamzi?

Fadima – Jag såg henne i morse.

Mamma – I morse! Jag tror att jag blir galen. Ni vet att ni måste hålla er hemma och hjälpa till. Det är farligt för er där ute.

Fadima – Men skäll inte på mig, jag är ju hemma.

Scheherazade kommer in.

Mamma – Var har du varit?

Scheherazade går lite slött fram till kylskåpet och ser om det finns något. En riddare kommer ut ur kylskåpet och ser sig förvånat omkring.

Riddaren – Nä! Jag är inte med i den här pjäsen. (*Lämnar scenen*)

Pappa – Hör du inte att din mamma pratar med dig?

Scheherazade – Va?

Mamma – Stå inte där med kylskåpsdörren öppen.

Scheherazade – Var det det du skulle säga?

Mamma – Nej, var har du varit?

Scheherazade – Ute...

Mamma – Vad då, ute?

Scheherazade – Men åh, sluta bry er så mycket om det.

Pappa – Så säger man inte till sin mamma.

Scheherazade – Nej, FÖRLÅT då.

Mamma – Du skulle vara här klockan fem och hjälpa till med maten.

Scheherazade – Orka...

Pappa – Nej, nu tycker jag att du visar för lite respekt.

Mamma – Det är ju livsfarligt för dig att vara där ute. Du vet ju vad som händer. Sultanen gifter sig med en ny vacker flicka varje dag och låter sedan avrätta henne dagen efter.

I bakgrunden hörs ännu en avrättning.

Scheherazade – Åh, jag blir så trött på er... Jag tänker vara ute så mycket jag vill, så det så!

Pappa – Nej! Nu får du utegångsförbud.

Scheherazade – Jag hatar er!

Pappa – Gå in på ditt rum och stäng dörren!

Scheherazade – Stäng dörren själv din gamla kossa!

Pappa – Jag är åtminstone en tjur.

Fadima – Ja en tjurskalle!

Pappa – Nä nu blev det lite tråkig stämning här, tror vi behöver lätta upp med en liten sång.

Sång och dans. Scheherazade smyger ut i bakgrunden. Fadima springer efter.

Berättaren – Och det var så det hände sig att Schamzi började tänka ut en lika farlig som ovanlig plan.

Scen 3.

Bröllopsdags igen- Schamzi visar prov på sitt mod

En procession går genom staden med dans och musik och en stor folksamling kantar gatorna för att få en skymt av den hemlighetsfulla, men hemska sultanen och hans följe. I förgrunden syns Scheherazades syster Fadima.

Berättare – Återigen drog sultanen och hans hov genom staden och återigen såg han sig om efter någon ny att gifta sig med. Det var en förbannelse som vilade över staden, men också en av de saker som gav lite spänning och underhållning till stadens invånare. Därför stod de där och såg på paraden som gick förbi, men av ogifta kvinnor såg man inte mycket... (*Alla kvinnor på scenen tar på sig en* *mask, kanske till och med lösskägg)* … Men de som ändå vågat sig dit, var maskerade till oigenkännlighet.

Scheherazade smyger in från sidan och är nära att krocka med sin syster, båda förklädda i slöja för att inte avslöja vilka de är.

Åskådare – När börjar det, sluta trängs där fram, jag ser inget, nu kommer det någon.

Fadima och Scheherazade tränger sig fram genom folkhopen och får syn på varandra.

Fadima – Vad gör du här!

Scheherazade – Vad gör du här?

Fadima – Fan! nu blir det trubbel, du har ju utegångsförbud.

Scheherazade – Den som vill hittar alltid sina vägar.

Fadima – Nu håller du tyst om det här, annars får vi aldrig komma ut igen, inte nån av oss.

Scheherazade – Jag är tyst som en öken om natten, varför är vi här överhuvudtaget? det var nog ingen bra idé egentligen.

Fadima – jag vill ju bara se det alla andra får se.

Scheherazade – Sultanen!

Fadima – Åh, Schamzi, han är säkert snygg.

Scheherazade – hur vet du det?

Fadima – Har läst det på facebook.

Scheherazade – Fadi är du inte klok, han är ju ett monster.

Fadima – Monster, han har kanske fina ögon, har du sett dom?

Scheherazade – Tigrar är också fina, men innerst inne vill dom bara äta dig.

Fadima – jag bara måste se, måste komma lite närmare.

Scheherazade – Nu är du dum.

Fadima – dum är du själv, jag bara måste, lite närmare, ingen kommer att få veta nåt.

Fadima närmar sig processionen och smyger genom folksamlingen.

Scheherazade – Nej! Stanna.

Fadima snubblar och ramlar framför processionen så att allt stannar upp.

Sultanen – Stopp, stanna! Hämta hit den där.

Sultanens tjänare tillfångatar Fadima, leder henne fram till sultanen och sliter av henne slöjan som täcker hennes ansikte.

Sultanen – Vad har vi här då, en fribrytare, en enkel toka eller en oslipad diamant… Låt mig se, den var inte dum den… Jag tror jag har hittat min brud!

Sultanens tjänare – Han har hittat sin brud.

Fadima – NEJ!

Sultanen – Jaså! Du vill ha ett val…. För dig är det enkelt, antingen gifter du dig med mig eller så blir du avrättad på en gång.

Sultanen klappar i händerna så att bödeln kommer in på scenen iklädd full bödelsmundering och yxa över axeln.

Fadima – döden kommer hur som helst…

Scheherazade tränger sig fram genom folksamlingen.

Scheherazade – Nej! Du får ta mig, du får ta mig istället.

Fadima – Nej gör det inte!

Scheherazade – lita på mig, det ordnar sig.

Fadima – Åh, vad ska mamma säga när hon får höra om det här.

Sultanen gör en gest med handen och bödeln drar sig tillbaka.

Sultanen – Jaså, en frivillig, det var ovanligt…

Sultanen tar av henne slöjan och ser på henne.

(*Musik och dans*)

Sultanen – Vem har vi här då, Vad kan en sån här ung dam heta då?

Scheherazade – Scheherazade.

Sultanen – Scheherazade. Och vad är du bra på då?

Scheherazade – Jag berättar historier…

Berättare – Scheherazade hade visat prov på stor dumhet men också stort mod och eftersom sultanen såg att hon var både söt och tycktes ha skinn på näsan verkade det nästan som en utmaning för honom att ta sig an den unga kvinnan.

Sultanen klappar i händerna så att musiken tystnar.

Sultanen – Då du visat sånt mod och gett mig dagens stora överraskning, ska jag också ge dig nåt jag inte vanligen brukar. Du ska få en önskan om vad du vill i bröllopsgåva. Men tänk efter noga, det är det sista du får önska…

Scheherazade tänker efter en stund.

Scheherazade – Då önskar jag att min syster här får vara med mig, denna min sista natt.

Sultanen – Det var en konstig önskan. Du kan önska dig allt guld och rikedomar en person kan få och så önskar du dig bara…

Scheherazade – Vad ska jag med guld till i en stund som denna, när min syster är värt mer för mig än allt guld du kan hitta i denna världen.

Sultanen – (*Skrattar*) Din önskan är uppfylld. Ta hand om de dåraktiga fruntimren, och ge dem allt de kan behöva så gör vi oss redo för ett bröllop.

Scheherazade och Fadima leds ut av sultanens vakter. Folket hurrar och musiken kommer igång medan processionen går ut.

Scen 4.

Sultanens Bröllop

Bröllopet mellan sultanen och Scheherazade iscensätts som en sorts dans där det tydligt framgår att hon motvilligt gifter sig med honom.

Vigselförrättare – Tager du denna... ähm.. Sultan... Säg bara ja så blir vi glada.

Scheherazade – (*tveksamt*) ... Ja.

Vigselförrättare – Och du, tager du... i vanlig ordning...

Sultanen – Skit i alla omständigheter nu, hoppa till slutet så vi får det överstökat.

Vigselförrättare – Ok. Nu är ni gifta....

Sultanen – Fint, då säger vi så.

Sultanen går ut och Scheherazade blir ensam kvar med vigselförrättaren.

Vigselförrättaren – Må gud vara med dig. (*Går ut.*)

Folket hurrar lite tvekande. Musiken som startar skulle kunna vara något modernt för tiden för att höja komiken och igenkänningsfaktorn dessutom medryckande som får hela hovet att börja dansa.

Scen 5.

Beskedet till föräldrarna

Det bultar hårt och länge på dörren hemma hos Scheherazade, till slut öppnar ändå pappan.

Grannen – Åh en sån olycka, en sån olycka som har drabbat oss, oj oj oj oj oj…

Pappan – Vad är det med dig, har hunden sprungit bort igen.

Grannen – Nej nej…

Pappan – Har huset ditt brunnit ner eller varför springer du runt som om du mist förståndet?

Grannen – Det är inte det, det är inte mig, ni förstår inte vilken olycka det är.

Mamman och pappan ser på varandra och skakar på huvudet.

Grannen – Det är Schamzi!

Mamman – Åh! Vad har hon nu gjort den olyckan?

Grannen – Hon har tagits av sultanen.

Pappan – Nej, nej. Hon har utegångsförbud, hon är på sitt rum…. Tror jag.

Pappan går för att se efter.

Mamman – Du måste ha fel på ögonen, hon har varit hemma hela tiden.

Grannen – Jag svär på att det var hon, jag var där när de tog henne, jag såg hur både hon och Fadima följde med dem. Det kan inte ha varit någon annan, det är jag helt säker på.

Pappan – (*Kommer tillbaka*) Hon är inte på sitt rum och inte Fadi heller.

Mamman – Den flickan rinner som sand mellan fingrarna, aldrig är hon där hon ska vara.

Grannen – Det är över, allt är förbi, hon har allt gjort sin sista dumhet nu. Måtte gud vara med er.

Mamman – Måtte det inte vara som du säger…

De olycksbådande bröllopsklockorna ekar över staden och hörs ända in till mamman och pappan som blir stående tysta en stund.

Mamman – Vad har hon nu ställt till med!

Pappan – Vad har jag gjort för att förtjäna detta? (*Ser ut genom fönstret mot sultanens palats*) Ena dagen har man huset fullt av ungar och nästa är man barnlös igen, och allt på grund av dig ditt förbannade kräk till Sultan som förstör livet för alla här. Måtte det en dag gå riktigt illa för dig, hade jag en ande här nu skulle jag önska att en svärm med gräshoppor åt upp din hjärna, din förbannade lus. Måtte du smälta ner i din egen skit, din förpestande lilla gris.

Mamman – lugna dig.

Pappan – det går inte...

Mamman – vi får hoppas, det är allt, hon är påhittig våran Schamzi, kanske hon kan ta sig ur det här på något vis.

Pappan – Hur skulle det gå till då? Det har inte någon av de andra lyckats göra.

Mamman – Nu är hon ju inte riktigt som alla andra. Vi får skicka en duva med våra böner, så länge den kommer tillbaka lever hoppet om att hon klarar sig ur det här.

Pappan – Och om den inte kommer tillbaka.

Mamman – Då vet vi då.

Mamman och pappan tar en duva ur en bur och släpper ut den genom fönstret.

Mamman – Bär hoppet på dina vingar, och måtte du komma tillbaka med goda nyheter om Schamzi.

Scen 6.

Berättaren i sultanens harem

*I sultanens harem är det dans och musik och de båda
systrarna bråkar om det som hänt.*

Fadima – hur tänkte du egentligen.

Scheherazade – Jag.

Fadima – Det är ju så dumt så det är inte klokt, nu har du
satt oss alla i en förfärlig knipa.

Scheherazade – hade det inte varit för dig så hade vi inte
varit här någon av oss, så du ska inte komma och prata
om dumt överhuvudtaget, du är så dum som en åsna.

Fadima – Jag hade väl inte dragit dit dig, vad hade du
förresten där att göra? du skulle ju vara inlåst och inte
springa ute överhuvudtaget du. Dum som en åsna är du
själv.

Scheherazade – Det kunde väl inte jag veta att du skulle
hoppa fram sådär framför sultanens vagn, du kunde lika
gärna ha blivit uppäten av en tiger. Hade du föredragit att
sitta här själv med sultanen tills imorgon... Undrar hur
det känns att få sitt huvud avhugget...

Fadima – Jag känner mig så dum, vad har jag ställt till
med egentligen. Jag är så ledsen Schamzi, om jag kunde
önska bort mig själv så skulle jag göra det på sekunden.
Om du ändå hade en riktig syster som inte ställer till det
så förfärligt. Kan du nånsin förlåta mig, Schamzi.

Scheherazade – Även om du gör dumma saker Fadi, så är du god innerst inne och jag skulle väl aldrig önska att jag hade någon annan syster än dig. Kom så ska jag berätta en saga för dig så kanske natten inte känns så lång.

Fadima kryper intill Scheherazade som berättar Sagan om fiskaren och anden i flaskan.

Scen 6B.

Anden i flaskan

Scheherazade berättar en saga om fiskaren som hittar en flaska med en ande i. En scen spelas upp som illustrerar berättelsen och i kulissen står hela tiden sultanen som är allt för nyfiken för att låta bli att lyssna. När berättelsen nästan är slut har morgonen redan kommit och en tupp gal i fjärran.

Scheherazade – Det var en gång en fiskare som var så fattig att han knappt kunde dra ihop pengar för att föda sig själv, sin hustru och deras tre barn. Han gick varje morgon ut för att fiska, men ville inte kasta ut sitt nät mer än fyra gånger per dag för att inte göra slut på fisken.

Fiskaren – (*Kastar ut sitt nät utan att få något i det*) Nu är det nog ändå slut på fisken i det här havet, hur ska det kunna bli nån mat därhemma om fisken inte vill fastna i nätet?

Scheherazade – En dag då allt verkade som allra mest hopplöst, kände han sig tvungen att kasta ut sitt nät också en femte gång.

Kastar ut nätet för femte gången.

Fiskaren – Där måste ju finnas nånting, (*Drar in nätet*) Oj, så tungt det blev. Nu fick jag nog en riktig fångst. (*Tittar ner i vattnet*) Men vad är det där för nåt, bara en gammal flaska, men så tung, den kanske innehåller nåt värdefullt. Jag kanske kan sälja den. Alltid finns det nån som vill köpa sånt här gammalt skit.

Scheherazade – Även om fiskaren aldrig hade sett på antikrundan så kunde han begripa att folk samlade på allt möjligt skräp och att det kunde finnas nåt värde i en så oansenlig sak som en gammal flaska.

Fiskaren skakar flaskan och gör stor sak av att försöka öppna den. Plötsligt får han upp den och den far iväg och där flaskan landar uppenbarar sig en ande. Fiskaren blir skräckslagen inför anden som stirrar på honom.

Anden – Vad är du för nån.

Fiskaren – Jag är bara en fattig fiskare. Är du en ande? Kommer jag få tre önskningar?

Anden – Du har allt läst för mycket sagor du. Förbered dig på att dö du din vämjeliga lilla skapelse.

Fiskaren – Dö! Varför ska jag dö, det var ju jag som släppte dig fri.

Anden – Jag vet vad du gjorde och dö ska du sannerligen.

Fiskaren – Tycker du verkligen att jag förtjänar ett sånt öde, borde du inte vara lite tacksam för att du slapp fri.

Anden – Jag skiter i ditt öde men som tack för att du befriade mig kan jag uppfylla en önskan åt dig.

Fiskaren – Vad skulle det kunna vara då?

Anden – Du får själv välja hur du ska dö. (*Skrattar ett ande-skratt*)

Fiskaren – Men det är ju inte rättvist.

Anden – Jag bryr mig inte vad som är rättvist eller inte, sån är jag och jag kan inte göra på nåt annat sätt.

Fiskaren – Varför?

Anden – En gång för länge sedan var jag en upprorisk ande som satte mig emot himlens vilja. Den vise kung Salomo kallade mig till sig och befallde mig att lyda hans och guds vilja. Jag vägrade lyda och Salomo stängde in mig i den här flaskan, förseglade locket och slängde mig i havet.

Fiskaren – Då fick du ett riktigt straff, det borde ha gjort dig lite snällare.

Anden – De första hundra åren jag satt inspärrad svor jag att jag rikligen skulle belöna den som släppte ut mig. Under det andra århundradet svor jag att öppna alla jordens skatter till den som släppte mig fri, Tredje århundradet svor jag att göra den som öppnade flaskan till världens härskare och att jag varje dag skulle uppfylla tre önskningar åt honom. Det fjärde århundradet svor jag slutligen att döda den som befriade mig och endast bevilja honom hans önskan om hur han skulle dö. Nu har du alltså släppt ut mig och där är vi nu.

Fiskaren – Det var ju synd. Och jag som måste försörja min familj, hur ska det gå för dom nu? All denna ondska har jag släppt ut över världen, och så ska jag dö som tack. (*Kommer på en idé*) Ok! jag ger mig, strax ska du få döda mig, men jag ber dig i din fängslare kung Salomos namn att först svara på en fråga.

Anden – Nämn inte det namnet, det får mina öron att frysa till is.

Fiskaren – En fråga.

Anden – kör till då, men fråga fort! Sen måste jag döda dig och dra härifrån fort som fan.

Fiskaren – Hur kunde du få plats i den där lilla flaskan, jag tror inte ett dugg på din historia om du inte kan förklara det.

Anden – Det är sånt som andar gör.

Fiskaren – Ja, men hur? jag kan inte ens tro på det där snacket om att döda mig heller.

Anden – Jag bara kan det, fattar du.

Fiskaren – Nä, nä. Det tror jag inte förrän jag ser det med mina egna ögon, visa hur du gör.

Anden – Ok, men sen är det kört för dig hur som helst.

Anden drar ihop sig och försvinner ner i flaskan varpå fiskaren snabbt stänger locket om flaskan igen.

Fiskaren – Där kan du gott sitta, jag ska sänka dig i havet igen och berätta för alla fiskarna här om din flaska, så att om den åter fastnar i någons nät så åker du tillbaka ner i vattnet fortare än du kan säga Salomo…

Scheherazade – Och trots att fiskaren levde fattigt och den dagen kändes tung, så kunde han inte låta bli att tänka på att livet inte var så dåligt ändå.

Scen 6C.

Morgon hos Sultanen

Scheherazade och Fadima sitter på sängen och i kulissen står alltjämt sultanen hänförd av hennes berättelse.

Scheherazade – Oj, är det redan morgon.

Fadima – Snälla, berätta slutet på berättelsen.

Scheherazade – Åh, jag vet inte. Sultanen är nog inte ett dugg intresserad av att höra på sagor.

Sultanen rycker förnärmat till ute i kulisserna.

Fadima – Jag vet inte det, (*viskande*) jag har sett honom stå här och lyssna hela tiden.

Scheherazade – Tiden verkar redan vara ute för mig, men det förstås, om sultanen bara kunde vänta med sin avrättning så kunde ni få höra slutet redan i kväll… Fast den här sagan är egentligen ändå ingenting emot den om Alladin…

Fadima – Åh. Snälla berätta, (*vänder sig vädjande till sultanen*) Snälla, om ni är en god tänkande människa innerst inne så låter ni henne leva ännu en natt så att vi får höra den här fantastiska historien.

Sultanen – (*Samvetsfullt och förnärmat*) Åh! vad är det här.

Fadima – Snälla! sen kan ni få fortsätta med ert dödande bäst ni vill.

Scheherazade – Om du sparar mitt liv ännu en natt så lovar jag dig en berättelse som kommer att ta andan ur dig, och om du gillade den om anden så har du ännu inte hört allt om vad andar kan göra. Men om jag dör nu så blir det förstås inget med det…

Sultanen – Åh… Kör till då! men jag vill inte känna mig lurad på nåt vis, om du tror att du på nåt vis är räddad så är det inte alls så…

Bödeln kommer in för att hämta offret till dagens avrättning.

Bödeln – Jaha, då var det dags då.

Sultanen – Det blir inget idag…

Bödeln – va!

Sultanen – Ingen avrättning idag.

Bödeln – alltså,.. nu blir jag besviken, ingen avrättning!

Sultanen – Nej inte idag, du får hitta på nåt annat att göra.

Bödeln – Vadå, jag var liksom upplagd för det, kände mig lite på mördarhumör kan man säga, du kan inte bara ändra i anställningsvillkoren hur som helst, jag har gått upp tidigt, förberett mig, slipat yxan, skickat ut inbjudningar, faktiskt ganska mycket som redan är gjort. Hur går det med lönen? Vad tror du facket säger om det här, jag är faktiskt ansluten till bödlarnas riksförbund och det finns ett kollektivavtal som säger att….

Sultanen – Då får du väl avrätta någon annan, (*ropar till en av sina tjänare*) Har vi nån som inte har skött sitt jobb på sistone?

Tjänare – Tja, låt mig tänka… Ja! vi har en lärare i ytterområdena som inte har skrivit sina handlingsplaner korrekt.

Lyssnare (från inledningen) – (*Avbryter*) Nä, nu blir det nästan lite för realistiskt det här.

Berättare – Ja, jag drog iväg lite där. Vi går tillbaka en aning… Sultanen hade alltså nyfiket hört hennes berättelse och kunde inte låta bli att lockas av hennes löften om att fortsätta nästa dag, för hur det var så kunde sultanen, trots att han var ett monster i sina handlingar, även bära på en vrå av mänsklighet inom sig. Och den morgonen, var det tyst i staden, inget skrik, ingen pingla eller ljudet av det kalla stålet mot en torr trästock. Alldeles tyst sånär som på vingarna hos en ensam duva på sin väg över staden.

En stunds paus

Lyssnare – Hur gick det sen då?

Berättare – Det får ni höra i morgon...

Lyssnare – Äh, lägg av nu va, det är väl inte medeltiden...

Lyssnare 2 – Vi är väl inte med i sagan heller...

Berättare – Ok då... Nästa dag var det som sagt tyst i staden, åtminstone ett tag, sen återgick livet till det normala. Folk som rörde sig fram och tillbaka, marknader som kom igång med försäljningen, småtjuvar som stal lite mat och hundar och katter som strök omkring där det fanns nåt att äta. Det mesta var som vanligt, men något var ändå lite annorlunda...

Scen 7.

Marknaden

En marknad i staden, folk går omkring och gör sina vanliga göromål, Några stannar till vid ett stånd för att handla och en tjuv stjäl ett äpple.

Handlaren – Stopp där, stanna! Stoppa tjuven. Det är då förbannat att man inte får ha sina saker ifred. Här, ta bara av frukten, inte gör det något att min familj får svälta. Jag jobbar så gärna gratis jag...

En kund ger honom några mynt för en påse frukt och han muttrar lite för sig själv och plockar bland varorna medan Scheherazades föräldrar kommer in på scenen. De andra på scenen får syn på dem och viskar lite samtidigt som de drar sig åt sidan. Föräldrarna går fram till fruktståndet.

Pappan – Vad tar du för äpplena?

Handlaren – En del tycks vilja ha dem gratis, men för dig, ett bra pris... två sekiner.

Pappan – Två! Igår kostade de bara en, vad är du för en ockrare?

Handlaren – Det är nya tider nu, saker förändras... har ni inte hört. I morse blev det ingen avrättning. Kunderna sviker. Nej, inget är sig likt, snart kommer det väl nya skatter på frukt också.

Pappan – Vad sa du! ingen avrättning?

Handlaren – Ja. Det är den här jävla regeringens fel.

En av de övriga personerna (kunden) kommer fram till familjen.

Kunden – Våra tankar är med er nu.

Mamman – Lever hon verkligen än, då är inte allt förbi.

Kunden – Vi önskar allt vi kan för att det ska få ett lyckligt slut.

Mamman – Tack.

Kunden – (*Ger henne en kruka*) Här är alla våra böner för Schamzi.

Mamman – Det kan hon verkligen behöva, den olyckan.

Kunden – Hon är inte som vem som helst den flickan.

Mamman – Nej det är hon sannerligen inte.

Den lille tjuven kommer tillbaka in på scenen och handlaren får tag på honom och släpar in honom i håret/ öronen.

Handlaren – Nu har du stulit ditt sista äpple din odåga, ditt lilla kryp. när jag är färdig med dig kommer du aldrig att kunna springa ifrån en handlare igen.

Mamma och pappan går fram till handlaren och ger honom ett mynt.

Pappan – Här får du för äpplet han tagit av dig, släpp honom nu så lovar jag att han inte ska stjäla något mer av dig.

Handlaren – Det vet jag inte…

Pappan ger honom ett mynt till.

Handlaren – Nå, ta den lilla pissmyran, innan du ruinerar dig på mig…

Pappan tar pojken åt sidan och plockar fram ännu ett mynt som han visar honom.

Pappan – Se här. Den får du av mig om du först smyger dig upp till palatset och tar reda på så mycket du kan om vad som händer däruppe.

Pojken – Ok.

Pappan – Sen kommer du så fort du kan tillbaka till mig och berättar vad du fått veta.

Pojken – Det ska jag.

Pojken springer iväg.

Pappan – Var försiktig bara så du inte råkar illa ut.

Pojken – Det ska jag...

De andra lämnar scenen.

Scen 8.

Aladdin

I palatset ser man Scheherazade sittande på sängen tillsammans med Fadima och i bakgrunden står sultanen, nyfiken på att få höra nästa berättelse. I bakgrunden ser man den lille tjuvpojken sticka upp huvudet i ett fönster. Han tar den duva som sitter i fönstret och försvinner därifrån.

Berättaren – Nästa natt fortsatte Scheherazade sin berättelse som hon lovat, och den nästa och den nästa efter det också, och berättelserna som avlöste varandra blev också allt mer fantasifulla och fantastiska…

Lyssnare – Hur gick det med Aladdin då?

Lyssnare 2 – Ja, varför fick vi inte höra om Aladdin!

Berättare – Ja men den berättelsen har ju alla redan hört, Aladdin hittar en ande i en flaska, blir instängd i en grotta, får prinsessan och lever lycklig, det känns så trist att berätta det igen.

Lyssnare – Vi kan väl köra sången i alla fall.

Lyssnare2 – det gör vi….

Räknar in och spelar ett välkänt tema ur Aladdin. Några av skådespelarna sjunger temat sittande på en flygande matta och samtidigt spelas kända scener ur sagan upp i bakgrunden i form av ett dansnummer.

Mot slutet av dansen kommer tjuvpojken in och möter föräldrarna på scenen, han överräcker duvan och får sin slant varpå alla lämnar scenen.

Scen 9.

Slutet

Det mörknar på scenen och man ser hur Fadima och sultanen (i bakgrunden) båda lyssnar till Scheherezades be-

34

rättelser, Med tiden kommer sultanen allt närmare, för att
slutligen sitta tillsammans med dem i hennes säng.

Sultanen – Berätta mer, ta den om Ali Baba igen.

Fadima – Du tycker allt om att höra om rövare du.

Sultanen – Ja det är en riktig rövarhistoria det.

Scheherazade – Jag kan berätta en helt annan som du nog
aldrig har hört. Den om Abu Hassan som fes…

Sultanen – Ja, gör det.

Berättaren – Sultanen som vid det här laget hade veknat
en hel del kunde inte motstå tanken på att få höra den be-
rättelsen, för hur det än var så var han lite barnslig då det
kom till den typen av prutthumor.

Sultanen skrattar i bakgrunden.

I tusen och en natt varade hennes berättelser och i tusen
och en nätter hade det inte förekommit några avrättningar
av nya fruar. Folket började äntligen känna livets vindar
dra genom staden och även om det också innebar att tju-
var åter började stjäla och ockrare höja sina priser så åter-
gick livet i staden allt mer till det normala, det vill säga
lite mer som det var innan sultanen hade drabbats av sin
stora kärlekssorg. Ju mer hon hade berättat desto mer
hade Scheherazade också dragit sultanen bort från sina
onda och tråkiga tankar och istället lockat fram det barns-
liga och oförstörda som fanns inom honom. Sagorna hade
tagit fram hans bättre sidor och lagt sig som ett lock över
allt det tråkiga. Hur än han ville hålla henne kvar för hen-

nes berättelsers skull fick han ändå till slut lov att inse att den vackraste fågeln är den som sjunger, fri ibland träden.

Scheherazade – I morgon får du höra sagan om prins Jasmin och prinsessan mandelblom, kanske kan jag ta Ali Baba igen efter det, men det beror ju såklart på om jag får leva ännu lite längre…

Sultanen – Du behöver inte berätta sagan för mig.

Scheherazade – Vill du inte längre höra någon saga?

Fadima – Du har väl inte tröttnat på sagorna!

Sultanen – Nej jag har inte tröttnat på det, jag har lärt mig älska det, älska livet och er, och precis som om ni vore mina egna barn skulle jag inte kunna hålla er här mot er vilja. Ni borde inte sitta här instängda som fåglar i en bur. Jag önskar att ni fick er frihet åter.

Scheherazade och Fadima ser på varandra stumma av förvåning.

Sultanen – Det är inte så att ni inte får komma hit och berätta sagor och vara här med mig, det får ni visst, men ni är numera fria att gå vart ni vill. Den här tiden har varit mitt fängelse och ert fängelse också men nu är ni fria, det är bara så, jag är en bättre människa nu.

Scheherazade – Men vi är väl gifta.

Sultanen – Det är bara en formalitet, det kommer du väl ihåg, att vi hoppade över hela ceremonin. Det är nog bara att ändra sin status på facebook så är vi bara vänner igen…

Lyssnare – Jaha, så sen levde de lyckliga i alla sina dagar…

Berättare – Inte riktigt än.

Flickornas föräldrar kommer in på scenen.

Scheherazade och Fadima – Mamma, Pappa…

Mamman – Åh vad vi är glada att se er.

Fadima – Det var mitt fel alltsammans, var inte arg på henne.

Pappan – Vi är inte arga på er, vi är så lyckliga att allt det här är över.

Sultanen – (*Till föräldrarna*) Det har gått så lång tid.

Pappan – Ja, tusen dagar typ.

Sultanen – Kan ni nånsin förlåta mig.

Pappan – jag vet inte det.

Sultanen – Men det fick ett lyckligt slut och båda dina barn är i livet.

Pappan – Ja, men om det inte hade varit så hade du varit ett huvud kortare, din skurk.

Bödeln kommer in, harklar sig.

Bödeln – Hur blir det nu med, ja du vet… (*Gör en halshuggningsgest*)

Sultanen – Det är slut med det nu. Du är avskedad.

Bödeln – Avskedad! Bara så där?

Sultanen – Bara så där.

Bödeln – Men det går inte, jag har tre månaders uppsägningstid.

Sultanen – Då har jag ett annat jobb åt dig. Du kan beskära buskar. Jag har en hel trädgård som vi måste få att blomma upp igen. Och du är ju så duktig med yxan…

Mamman – … Så nu får ni följa med hem, vi ska ställa till med en stor fest för er skull.

Fadima – Jag tänkte, att jag kanske kunde stanna här, Sultanen är annorlunda nu, han är egentligen inte alls som man tror, han är…

Scheherazade – Du har allt fallit för honom, din toka…

Fadima – Det är inte så att jag inte kommer hem nån gång, men han har erbjudit mig att bo här med honom och han är egentligen en fin person innerst inne.

Sultanen – Ni är alla välkomna att komma när ni vill, mitt palats är ert hem också.

Pappan – Om hon nu vill stanna kan vi inte göra någonting åt det, men du får allt se till att hon får det bra här.

Sultanen – Så klart, hon kommer få allt man kan önska.

Pappan – Och inga mera avrättningar.

Sultanen – Det är slut med det nu.

Pappan – Det är bäst det. Annars kan det bli jobbigt att vara sultan i en sån här liten stad. Det finns många öron...

Fadima – Men pappa, jag lovar att det kommer bli bra, jag kommer hem så ofta jag kan.

Pappan – Ja, ja...

Berättaren – Och så hände det sig att allt slutade lyckligt, Fadima levde lycklig tillsammans med Sultanen som ju hade förändrats till en god människa och en god regent i den lilla staden. Scheherazade besökte dem så ofta hon kunde och berättade många flera sagor för Sultanen och sin syster. Bödeln blev en riktigt bra trädgårdsmästare fastän fortfarande lika kinkig med sina anställningsförhållanden. Den lille tjuvpojken som ju visat sig vara både kvick och flink, fick inte en fast plats på en sluten anstalt som man kanske kunde tro, utan gjorde istället kometkarriär som budbärare hos sultanen. Och överallt i den lilla staden långt, långt borta levde man lyckligt i alla sina dar, ja åtminstone så länge man levde och om man någon gång kommer dit och lyssnar riktigt noga kan man i ökenvinden ännu höra en sång, om Scheherazade som räddade alla kvinnor och gav sultanen livet åter genom ordens melodi.

Eventuellt avslutas allt med en sång eller temamusiken
Och de olika aktörerna kommer fram i den ordning de
räknas upp av berättaren för avtackning.

Sanna, Sanna

En pjäs om droger

Av:

Thomas Herrgård

ROLLER:

Sanna

Mamma

Lotta – *Syster till Sanna*

Kamrater:

Sofia

Jossan

Maria

Carro

Sara

Anders

Daniel

Henrik

Scen 1.

Hemma hos Sanna

Det ringer på dörren, Sanna sitter ensam på scenen med mobiltelefonen. Mamma ropar utifrån kulisserna.

Mamma – Sanna, Sanna. Kan du öppna. Sanna… SANNA.

Sanna – Ja!

Mamma – Sanna, vad gör du för nåt?

Sanna – Vad är det nu då?

Mamma – Det ringer på dörren hör du väl, kan du öppna.

Sanna – Öppna själv, du är väl ingen invalid heller.

Mamma – Jag har ju schampo i hela håret och inte har jag några kläder på mig heller och förresten är det till dig i alla fall.

Sanna – Ja, ja. Varför säger du aldrig till Lotta.

Mamma – Hon är väl upptagen med något.

Sanna – Är inte jag det då.

Mamma – Det är i alla fall till dig.

Sanna går och öppnar, Sofia kommer in.

Lotta – (*Ropar utifrån kulisserna*) Vem var det?

Sanna – Det var till mig.

Mamma – Det var ju det jag sa.

Lotta – Vem var det då?

Sanna – Ska väl du skita i.

Sofia – (*Viskar*) Skulle inte dom åka bort?

Sanna – Jag vet inte. (*Lotta kommer in och stirrar på dem båda*) Var inte så jävla nyfiken.

Lotta – (*Sätter sig ned*) Jag får också vara här.

Sanna – Måste du hänga efter mig jämt då.

Lotta – Vad ska ni göra då som är så himla hemligt, jag bor faktiskt också här.

Sanna – Stick och göm dig på ditt rum då.

Lotta – Mamma… mamma…

Sanna – Skvallerapa.

Mamma kommer in med i morgonrock och med en handduk runt huvudet.

Mamma – Vad är det nu då?

Lotta – Sanna säger att jag inte får vara här.

Mamma – Det får du visst, Lotta bor här hon också.

Sanna – Hon springer ju jämt och spionerar på vad jag gör.

Mamma – (*Till Lotta*) Låt Sanna vara ifred nu när hon har kompisar här.

Lotta – (*Trumpet*) Vad ska jag göra då?

Sanna – Skulle inte ni åka hem till mormor.

Mamma – Jag är ju inte färdig än.

Sanna – När ska man nånsin få vara ifred här då?

Mamma – Ja, ja. Vi ska åka. Lotta, gå och gör dig iordning så åker vi så fort jag har klätt mig.

Lotta – Jag vill inte åka till mormor.

Mamma – Varför inte det nu då?

Lotta – Det är så himla tråkigt där.

Mamma – Det har du aldrig sagt förut och du kan ju ändå inte sitta här alldeles ensam.

Lotta – Det kan jag väl.

Mamma – Vad är det för dumheter.

Lotta – Sanna kan ju det.

Mamma – Nu pratar vi inget mer om det, gå och gör dig iordning säger jag, så kan Sanna få lite lugn och ro sen.

Mamma går iväg.

Lotta – Pissapa! (*Lipar och går iväg*).

Sofia – Vi kan gå hem till mig.

Sanna – Nej, Varför det?

Sofia – Det är ändå ingen där.

Sanna – Dom ska ju i alla fall sticka nu.

Sofia – Ja, ja.

Sanna – Och vi ska väl gå vi med, bara vi blir färdiga med det här nån gång.

Sofia – Det är så pinsamt bara.

Sanna – Jag förstår vad du menar.

Sofia – Har du fixat nåt till ikväll då?

Sanna – Bara dom sticker så. Morsan har väl nåt i barskåpet.

Sofia – Får du ta där då?

Sanna – Klart jag inte får, men jag tänker inte fråga heller.

Sofia – Hos mig har vi inget barskåp.

Sanna – Jasså, är dom nykteristjävlar. (*Skrattar*)

Sofia – Nä, morsans flaskor står på bordet jämt ändå, ingen som märker nåt om man tar en skvätt eller så. (*Tyst en stund*) Varför flyttade ni hit egentligen?

Sanna – Jag vet inte. Morsan flyttade hem till mormor när farsan och hon skilde sig, sen fick hon för sig att hon skulle flytta hit bara och då kom jag och syrran efter.

Sofia – Din farsa då, varför bodde ni inte kvar där?

Sanna – Äh! Han jobbar ju jämt. Han ville väl inte ha några ungar överhuvudtaget.

Sofia – Är han taskig då.

Sanna – Vadå?

Sofia – Ja din farsa, är han taskig på nåt sätt?

Sanna – Nä egentligen inte. Han har bara så mycket att göra hela tiden. Har väl inte tid med några ungar. Du vet hur det är, eller det kanske du inte gör men en del dom vill bara upp till varje pris, jobbar och jobbar, medans andra bara skiter fullkomligt i allting.

Sofia – Jag vet. (*Tyst en stund*) Du, gör så här. (*Plutar med munnen*)

Sanna – Är du knäpp!

Sofia – Nej, jag ska göra en grej.

Sanna – Vadå?

Sofia – Det får du se.

Sanna – Ja, ja. (*Gör som hon blivit tillsagd och Sofia plockar uppett svart läppstift ur sin handväska som hon målar Sannas läppar med.*)

Sofia – Det här är döläckert, helt svart.

Sanna – Får jag se. (*Tar läppstiftet*)

Sofia – Har du sett det nån gång, svart läppstift, så jävla nice.

Sanna – Jag måste kolla i spegeln.

Lotta kommer in på scenen.

Lotta – Jag är färdig nu. (*Får syn på Sanna, retas*) Sanna målar läppstift, Sanna målar läppstift...

Sanna – Håll käften jävla skitunge.

Lotta – (*Skrattar*) Du ser ut som en häxa. Sanna är en häxa, Sanna är en häxa...

Sanna – Jävla skitunge!

Sanna jagar Lotta runt scenen.

Lotta – Mamma, mamma, Sanna jagar mig.

Mamma kommer in.

Mamma – Sluta nu båda två! (*Får syn på Sanna*) Men Sanna… Ja, ja…

Sanna – Idiotunge!

Mamma – Är du säker på att du inte ska med till mormor då.

Sanna – Nej.

Mamma – Hon kommer ju att undra varför du aldrig är med, och du som fyller år och allt.

Sanna – Jag gör väl som jag vill, jag är väl ingen barnunge heller.

Mamma – Ja, ja. Då går väl vi då. Är du färdig Lotta?

Lotta – Jag sa ju det. Jag sa ju att jag var klar för länge sen.

Mamma – Tänk den dan ni flyttar hemifrån, Jag fattar inte hur nån av er ska klara av det. (*Kramar om Sanna*) Ja, hej då och ha så roligt ikväll nu.

Sanna – Ja, ja.

Mamma – Kommer du hem i tid så kanske vi kan hitta på nåt skoj du och jag.

Sanna – Ja, ja. Gå nu, Jag klarar mig.

Mamma – Klart du gör. Grattis igen då. Hej då.

Mamma och Lotta går.

Sofia – Är dom alltid så där i din familj?

Mamma kommer in igen.

Mamma – Var inte ute för länge nu, du vet hur jag oroar mig, och glöm inte att låsa dörren ordentligt när du går. (*Börjar gå igen*) …Och du, det är ingen idé att du går på flaskorna i barskåpet. Jag vet precis hur mycket det är i dom. Hej då.

Mamman går.

Tyst en stund som om de lyssnar efter om de har gått.

Sanna – Jaha, du hörde vad hon sa.

Sofia – Det gör inget, jag har så det räcker åt oss båda.

Sanna – Jag vet inte… Jag kanske ska stanna hemma i alla fall.

Sofia – Var inte fånig. Jag har så det räcker säger jag ju.

Sanna – Var har du fått det ifrån då? Har du snott det hemma?

Sofia – Jag? Nej men man känner väl en och annan som kan fixa.

Sanna – Vad kostar det då?

Sofia – Det spelar väl ingen roll, jag bjuder. Du fyller ju år. Nästa gång bjuder du. Vi tar ett glas på en gång vetja.

Sanna – Jag vet inte.

Sofia – Vadå vet inte! Alla andra som kommer då, för din skull… Och om killarna kommer då?

Sanna – Vilka killar då?

Sofia – Jag vet inte, det får vi se… Anders kanske, och Daniel. Va fan, det är ju din fest Sanna! (*Hämtar glas*) Hur mycket dricka ska du ha?

Sanna – Det där vet inte jag. Blanda du. (*Tittar i spegeln igen*) Fy fan, jag ser ju ut som en häxa. Precis som hon sa…

Sofia – (*Utifrån kulisserna*) Skitsnack! Det där ser helhäftigt ut.

Sanna – Äh, jag vet inte. (*Torkar bort läppstiftet med en servett*)

Sofia kommer in och ger Sanna ett glas.

Sofia – Skål.

Sanna – Tack! Vad ska jag ha på mig, fan jag har inte tänkt på det.

Sofia – Du kan väl gå som du är.

Sanna – Jag vet inte… kan man inte ha såna där… (*Visar med händerna*)

Sofia – Vadå? Tights

Sanna – Ja, eller vad det kallas… fast det är så ful färg.

Sofia – Vad är det då?

Sanna – (*Tvekar*) Det är morsan som… Orange.

Sofia – (*Skrattar*) Ha det du har på dig.

Sanna – Ska vi gå då?

Sofia – Är du färdig?

De dricker upp.

Sanna – Jag tror det.

Sofia – Då så. Då går vi.

De båda flickorna lämnar scenen. Ljuset börjar gå ner men efter en stund kommer Sanna in igen.

Sanna – Jävlar!.. glasen…

Sanna plockar undan glasen de druckit ur och lämnar sedan scenen.

Blackout.

Scen 2.

Festen

Man ser hur människor ställer i ordning för en fest.

Jossan – (*Vid ett fönster*) När kommer dom, borde dom inte vara här nu?

Sara – Lugna dig lite nu.

Carro – Dom kommer, det behöver du inte oroa dig för.

Maria – Hjälp till lite nu va.

Carro – Vadå hjälp till! Jag har ju burit saker här hela dan.

Maria – Ja, ja. Men ni andra då. Ta bordet till exempel och ställ det åt sidan så vi får plats att dansa.

Sara – Stolarna då?

Maria – Fös ihop dom nånstans där det finns plats.

Carro – Kan vi inte sätta på nån musik.

Jossan – Tänk om dom kommer då.

Carro – Det var så tyst bara, så himla ödsligt liksom.

Sara – Det var väl det som var meningen.

Maria – Har du med dig någon musik då?

Carro – Självklart.

Sara – Pop och smörigt skit förstås.

Carro – Vad hade du trott då, punk eller hårdrock, fast det är ju vad du vill höra…

Jossan – Tyst med er, dom kommer.

Carro – Eller vad vill du höra då?

Jossan – Dom kommer sa jag.

Sara – Ska väl du skita i.

Maria – Sluta upp med det där förbannade käbblet nån gång och göm er som oss andra.

Sara – Ja! Det var ett jävla tjat.

Jossan – Ni förstör ju alltihop som ni håller på. Beter er som nå jäkla barnungar.

Alla gömmer sig, släcker lyset. Sanna och Sofia kommer in, det är alldeles mörkt och tyst.

Sanna – Var är alla, här är det ju alldeles mörkt.

Sofia – Dom är säkert bara försenade. Vi sätter oss ner och väntar.

Tyst en stund.

Sanna – Tror du verkligen att dom kommer då.

Sofia – Ja, vi skulle ju träffas här.

Tyst en stund.

Sanna – Du har säkert tagit fel.

Sofia – Vadå tagit fel.

Sanna – Ja, på platsen eller så. Är du säker på att vi skulle vara här.

Sofia – Ja, annars skulle jag väl inte ha dragit med dig hit, eller hur.

Sanna – Ja, ja. (*Tyst en stund*) Kommer det några killar då, eller blir det bara tjejerna.

Sofia – Inte vet jag.

Sanna – Vadå inte vet jag, du sa ju att dom skulle komma.

Sofia – Vilka då?

Sanna – Anders och dom.

Sofia – Det sa jag bara för att du skulle följa med.

Sanna – Ljög du! Din jädrans potta, du ljuger ju värre än syrran.

Tyst en stund.

Sofia – Du är lite kär i Anders va?

Sanna – Det ska väl du skita i.

Tyst en stund.

Sofia – Är du inte det då?

Sanna – Jag vet inte.

Sofia – Sånt vet man väl.

Sanna – Hur ska jag veta det, jag har ju aldrig pratat med honom… När skulle dom komma egentligen, jag trodde det var vi som var försenade.

Sofia – Ja, inte vet jag. Vad är det som är så speciellt med Anders då?

Sanna – Det verkar inte ha varit någon här överhuvudtaget.

Sofia – Anders… vad är det som…

Sanna – Inte på hela kvällen…

Sofia – Du var ju ihop med Henrik i nästan ett halvår.

Sanna – Henrik, han är dum i huvet, bär sig åt som en värsta barnrumpa. Nej nu skiter jag i det här, det kommer ingen, eller hur?

Sofia – Dörren var ju upplåst när vi kom.

Sanna – Ja, just det. Varför tänkte jag inte på det. Då måste dom ha gömt sig här inne nånstans.

Sofia – Men Anders nu då, varför…

Sanna – (*Irriterat*) Han är väl söt då, kan du sluta tjata om den där Anders nu. Nu går i alla fall jag…

Alla de andra störtar fram och ropar "grattis" på samma gång. Efter det sjunger de alla enstämmigt "ja må hon leva" för Sanna.

Maria – Ett fyrfaldigt leve för Sanna.

Alla Hurrar.

Sanna – Fy fan vad ni är taskiga, (*Till Sofia*) Va sa du inget för?

Sofia – Det var ju en överraskning.

Sanna – Nu känner jag mig skitdum.

Carro – Hörde ni, Anders va, Sanna är kär i Anders.

Sanna – Det har jag väl inte sagt.

Sara – Vad tror du, vi är väl inte helt blåsta.

Carro – Ska vi sätta på nån musik nu då?

Sara – Sätt på din popskit då.

Carro – Jag tänkte väl det, innerst inne är du ganska förtjust i det.

Sara – Vad vet jag, en vacker dag när du kommer får man väl lov att stå ut med dansbandsmusik också.

Sofia – Kul fest. Speciellt det där med musiken.

Sara – Det var väl det jag sa.

Maria – Det finns radio, och det måste väl finnas annat att göra än att tjafsa om det hela tiden.

Sofia – Var finns det glas?

Jossan – Jag har plastmuggar.

Sofia – Hur många är vi då.

Alla räknar.

Carro – Sex.

Sofia – Var är dom nånstans?

Jossan – I min väska. Den bruna vid dörren. (*Sofia går, ropar efter henne*) Ta med mitt vin också. (*Alla börjar plocka upp saker på bordet. Sofia kommer tillbaka med väskan.*) Inte hade du väl behövt ta med hela väskan.

Sofia – Jag ville väl inte rota i din väska.

Carro – (*Till Maria*) Hade du inget med dig?

Maria – Jo, men jag väntar lite.

Sara – Varför det?

Maria – Jag vet inte… morsan kanske kommer.

Carro – Har du talat om för din morsa!

Maria – Vadå?

Carro – Att vi ska dricka.

Maria – Nej, inte det.

Sara – Vet hon var vi är då?

Maria – Det är väl klart.

Sara – Min morsa har ingen aning om var jag är.

Carro – Inte min heller.

Maria – Hon undrade och det är ju jag som har hyrt stället.

Sofia har hällt upp åt sig och Sanna.

Sofia – Skål då.

Sanna – Skål.

Jossan – Ja… (*häller upp åt sig*) Skål.

Sara – Vi då?

Jossan – Ja, en gång till.

Carro – (*Till Maria*) Du får av mig.

Maria – Varför det, jag har ju eget.

Carro – Ja men bjud mig sen då.

Jossan – Alla…

Alla skålar.

Carro – (*Till Maria*) Jag fattar inte att du kunde tala om det för din morsa. Det skulle ju vara hemligt, vårt eget liksom.

Sofia – Ni kan väl ta det där nån annan gång. Sanna fyller ju år och vi är väl här för att gratulera henne.

Sara – Ja visst ja… (*Rusar ut från scenen*)

Sanna – Vart skulle hon nu då?

Sofia – Nån ny överraskning kanske.

Sanna – Äsch! Vad ska det vara bra för.

Jossan – Det är väl roligt.

Carro – Det kanske är Anders som kommer.

Sara – (*Ropar utifrån kulisserna*) Släcker ni ljuset.

Carro – Nu kommer han nog. (*Släcker lamporna*)

Ljuset går ned och Sara kommer in med en tårta full av tända ljus.

Sara – Ha den äran på födelsedagen.

Alla gratulerar.

Sanna – Vad fin den är, vad är det för nåt...

Sara – Tårta.

Sanna – Ja det ser jag ju, men...

Maria – Jordgubbar tror jag och banan.

Jossan – Det är hallon.

Carro – Skit samma vad det är, det är tårta.

Sofia – Skär upp den nån så vi får...

Sara – Nej, nej. Hon ska väl blåsa ut ljusen först.

Sofia – Det är väl klart.

Jossan – Finns det nån kniv då.

Carro – Och fat.

Maria – Jag vet inte.

Carro – Det var ju du som hyrde stället sa du.

Maria – Ja, här finns nog inget, var det ingen som tog med sig det då.

Jossan – Nä.

Maria – Jag får väl gå hem och hämta det då.

Sanna – Det gör inget hörru, jag klarar mig utan tårta.

Maria – Jag bor ju så nära, det går fort.

Carro – Din morsa då?

Maria – Vadå?

Carro – Du har ju druckit vin nu.

Maria – Det var ju så lite, det kan väl inte kännas, kan de det.

Carro – Jag vet inte.

Maria – Men känn då.

Maria andas på Carro.

Carro – Jag tror inte det.

Maria – Är det någon som har tuggummi?

Sanna – Ja (*Ger Maria ett tuggummi*)

Maria – Bara ifall hon skulle misstänka nåt.

Sanna – Du behöver inte för min skull.

Maria – Det är ju bara några fat.

Maria går iväg.

Jossan – Det är ju bara några fat.

Sara – Skål då allihopa.

Alla skålar.

Carro – Rätt skönt när det bara är vi, tycker ni inte det? Inga föräldrar menar jag. Inte som nåt jäkla barnkalas.

Sofia – Rätt skönt bara man slipper skolan, eller vad tycker ni?

Sanna – Ja, jo…

Sofia – Engelskakärringen verkar ju inte riktigt klok.

Sanna – Jag tycker hon är ganska bra.

Jossan – Hon är ju helt hispig ibland. Varför kan man inte få någon yngre lärare utan bara trötta gamla kärringar, jag bara undrar. Dom är ju trötta på att vara lärare hela bunten, det ser man på långt håll. Varför ska vi stå ut med det?

Sara – Det finns inga pengar.

Jossan – Vem säger det?

Sara – Politikerna.

Jossan – Vi ska ju betala deras löner och pensioner så det borde väl ligga i deras intresse att ge oss en bra skola, åtminstone vettiga lärare.

Carro – Ja dom bryr sig bara om sina egna löner.

Sara – Vilka då?

Carro – Politikerna.

Jossan – Ja, det är dom som bestämmer vart pengarna ska gå.

Sanna – Handlar allting bara om pengar.

Jossan – Ja, egentligen.

Sanna – Jag tycker det är helt otroligt, en människa som våldtar eller dödar en annan kan få lägre straff än nån som stjäl nåns pengar. Det verkar helt sjukt.

Carro – Ja visst är det. Men pengar dödar mer än något annat.

Sofia – Jag har hört att i Brasilien finns det människor som köper barn bara för att döda dom.

Jossan – Fy fan vad äckligt, är det sant.

Sofia – Det är väl såna där föräldralösa gatubarn och så finns det människor som inte tycker att dom är värda något och dödar dom bara för att de tycker det är roligt va.

Jossan – Fy vad äckligt, vilka jävla människor det finns.

Carro – Man kan ju i alla fall få tycka att dåliga lärare borde få sparken, det finns säkert massor av bra lärare som är arbetslösa.

Sara – Det finns inte pengar.

Carro – Det skyller dom jämt på. Dom kan väl ta lite av dom rika. Pengarna måste i alla fall användas till nåt.

Sofia – Som att köpa föräldralösa barn i Brasilien.

Jossan – Vad säger dom rika om det.

Carro – Skit samma, pengarna går ju ändå bara i arv. För att bli rik måste man födas rik.

Sanna – Om man ändå vore född rik.

Sofia – Du kunde likaväl varit född i Brasilien.

Sara – Prata inte mer om det där.

Sofia – Varför inte, det är ju verkligheten.

Jossan – Man får det aldrig bättre än man gör sig.

Sanna – Det tycker jag att vi skålar för.

Sara – Varför inte.

De skålar.

Carro – Varför pratar ni bara om politik och sånt där tråkigt.

Sara – Jag vet inte.

Carro – Vi måste väl inte det.

Sara – Vem var det som började då?

Carro – Inte vet jag.

Sofia – (*Till Sara*) Det var ju du.

Jossan – (*Till Sanna*) Hur tycker du det är här då, efter första året i den här hålan.

Sanna – Det är väl bra.

Sofia – Hennes syrra är en jäkla plåga.

Sanna – Det är väl ingen överdrift precis.

Maria kommer in med fat och skedar.

Maria – Dom kommer!

Carro – Vilka då?

Maria – Anders och dom.

Sanna – Gör dom?

Sara – Träffade du dom?

Maria – Daniel ringde.

Sara – Vet dom var det är då?

Maria – Ja då, jag berättade var vi var.

Sanna – Gud va pinsamt.

Carro – Din morsa då?

Maria – Äh, hon var inte hemma.

Sanna – När kommer dom?

Maria – Dom skulle komma på en gång. När jag berättade att vi var här så sa dom att vi dyker upp...

Sanna – Alldeles snart då.

Maria – Ja.

Sanna – Jag tror jag går hem.

Sofia – Var inte löjlig. Det är ju du som fyller år.

Jossan – (*Till Maria*) Varför ringde han till dig.

Maria – (*Viskar*) Det var jag som ringde dit.

Sanna – Va!

Maria – Nä, ingenting.

Jossan – Varför det?

Maria – Ja, lite killar... Nä nu måste jag väl öppna mitt vin va.

Sanna – Nu måste vi ställa fram lite stolar.

Sara – Vi har ju nyss ställt undan dom.

Sanna – Var ska vi sitta då?

Jossan – Man kan väl sitta på golvet…

Carro – Tyst! Jag hörde nåt, det är dom va?

Maria – (*Springer fram till fönstret*) …Ja, nu kommer dom.

Sanna – Redan!

Maria – Dom bor ju alldeles i närheten.

Det blir tyst en stund tills killarna kommit in. Bara killarnas prat hörs.

Daniel – Hej.

Maria – Hej.

Sofia – Vad står ni där för, kom in och sätt er.

Killarna kommer in.

Anders – Ni har inga stolar?

Carro – (*Till Anders*) Sanna är kär i dig.

Sanna – Det har jag väl inte sagt.

Maria – Ska ni ha tårta?

Anders – Ja, varför inte.

Sara – Nu måste jag ha musik.

Daniel – Jag har lite sköna låtar på en lista.

Carro – Ja, sätt på det då.

Daniel – Fast det är rätt lugna låtar.

Sara – Det gör inget.

Anders – (*Till Sanna*) Grattis på födelsedagen.

Sanna – Åh, jag trodde inte du visste, men tack.

Scen 2b.

Telefonsamtal

Mamma – Ja, jag vet vad klockan är, den är tio över elva. Men du vet visst ingenting du. Vadå vadå? Vet du ens vad det är för dag idag. Ja, du kunde ju ha ringt , du har en dotter vet du, hon är inte precis föräldralös. Ja du har två, men du har en som fyller år idag. Hur tror du att hon reagerar när hennes far inte ens bryr sig om hennes födelsedagar. Nä hon är inte hemma nu. Hur ska jag veta var hon är. Tror du inte att jag oroar mig? Jag vet ju ingenting om vad hon gör, hon kunde likaväl börja knarka och utan att du skulle bry dig om det. Ja, jag vet, hon är i den åldern och jag försöker ju ge henne frihet och uppmuntran och allt… Men det är som om hon blivit en annan människa sen vi flyttade hit. Hon bråkar med Lotta jämt och så hänger hon hemma hos kompisar till långt in på natten, och vet du vad hon kallar mig? Jävla kärring kallar hon mig för… Ja jag kallade aldrig min mamma för sånt…

Scen 2c.

Tillbaka på festen

Festen har fortsatt i bakgrunden av telefonsamtalet. Tår-tan har försvunnit och en del flaskor har kommit upp på bordet. Daniel, Anders, Sofia och Sanna sitter på golvet i ett hörn. Sanna och Sofia fnittrar.

Anders – ...Och vet du vad som hände då...

Det knackar på dörren och alla sätter sig iordning som om de vore helt nyktra igen.

Maria – Jäklar! Morsan.

Sara – Ställ undan flaskorna.

De plockar bort så mycket som de hinner.

Maria – (*Till Jossan*) Öppna du.

Jossan går och öppnar.

Jossan – (*Utifrån kulisserna*) Nämen Henrik!

Sanna stelnar till, alla andra slappnar av. Henrik kommer in.

Henrik – Hej.

Carro – Hej. Sanna Henrik är här.

Sanna – Jag ser det.

Carro – Hur visste du att vi var här?

Henrik – Jag ringde hem till Maria.

Maria – Varför kom du inte tidigare?

Henrik – Jag vet inte.

Maria – Vi ska ju gå snart.

Sanna – Ska ni gå?

Maria – Ja, jag tror det.

Sanna – Varför det?

Maria – Det är sent.

Sara – Vad är klockan?

Carro – Över tolv redan.

Sara – Ja, man skulle kanske börja tänka på att gå hem.

Jossan – Jag hänger med dig.

Sofia – Gör det nåt om vi stannar en stund, eller ska du också gå Sanna?

Sanna – Jag vet inte, jag kan väl stanna en stund kanske, om ni är kvar så.

Sara börjar klä på sig.

Sofia – Gör det nåt?

Maria – Vet inte riktigt, det är ju jag som är ansvarig om nåt…

Sofia – Vi städar upp innan vi går.

Maria – Okej, men plocka upp efter er och lås när ni går.

Anders – (*Till Sanna*) Vi kan väl stanna ett tag…

Sanna nickar blygt och Henrik vänder sig bort.

Henrik – Jag hänger med er på vägen.

Maria – Ni behöver inte sopa och skura och så, jag ska ändå hit imorgon, men ta med er soporna och släng nånstans, ifall morsan följer med imorgon.

Jossan – (*Till Henrik*) Du får stanna kvar om du vill.

Henrik – Äh! Jag skulle ändå bara kolla läget och ni ska ju gå nu.

Jossan – Ja, ja…

Sara – Kommer ni då?

Carro – Varför så bråttom.

Maria – Jag tänkte man kunde ta en sväng på stan innan alla har gått hem.

Sara – Jag är hungrig. Är det nån som hänger med och käkar?

Carro – Vadå?

Sara – Inte vet jag, pizza eller nåt.

Carro – Jag har inga pengar.

Sara – Du får låna av mig.

Maria – Jag hänger med.

Sara – Ja men kom då.

Jossan – Ja! (*Sätter irriterat på sig kläderna*)

Maria – Ja hej då. Och glöm inte soporna.

Alla säger hej då och Jossan, Maria, Carro, Sara och Henrik går.

Anders – Vad var det med honom?

Sanna – Jag vet inte.

Anders – Han verkade så jävla sur.

Sanna – Han är sån.

Anders – Hur vet du det?

Sofia – Hon har varit ihop med honom.

Anders – Jasså!

Sofia – Det är slut nu.

Anders – Får man röka här?

Sofia – Jag vet inte.

Daniel – Det kommer väl ingen hit.

Anders – Vi har lite grejer.

Daniel börjar fixa i ordning en haschcigarett.

Anders – Tror ni att det är nån som kommer hit.

Sanna – Jag vet inte, Marias morsa kanske.

Sofia – Trodde du på det där. Vad skulle hon ut nu och göra?

Sanna – Leta efter Maria.

Sofia – Hon är väl inget jävla spädbarn heller. Hon kan väl klara sig själv utan att ha morsan med som en annan dadda.

Daniel tänder cigaretten.

Sanna – Ja, ja…

Daniel skickar över cigaretten till Anders som röker några djupa bloss.

Anders – (*Till Sanna*) Ska du prova.

Sanna – Nej, jag vet inte.

Anders – Äh, prova nu, det är kul.

Sanna – Men jag röker inte.

Anders – Vi kanske ska gå nån annan stans och röka.

Sofia – Kom igen nu då, prova kan du väl. (*Tar ett bloss på cigaretten*)

Sanna – Ja, men...

Anders – Det är ju för fan inte farligare än en folköl och du satt ju och drack vin tidigare.

Anders ger cigaretten till Sanna som provar ett bloss, hostar till men provar ännu ett påhejad av de andra.

Sofia – Såja, det var väl inte så farligt.

Ljuset börjar gå ned, de fnittrar lite i mörkret.

Anders – Daniel, meckar du en till...

Scen 3.

Hemma hos Sanna, mitt i natten

Mamma går oroligt av och an, det bullrar till i kulisserna.

Mamma – Sanna... Sanna är det du? (*Sanna kommer in tydligt påverkad och har svårt att dölja det för mamma*) Sanna vad är det... är du sjuk?

Sanna – Ingenting.

Mamma – Jo men det är det, nånting är det, det ser jag.

Sanna – Det är ingenting säger jag, låt mig vara.

Mamma – Men Sanna… (*Tar tag i henne*) Du luktar ju, vad har du gjort?

Sanna – Låt mig vara då för fan.

Mamma – Du luktar ju rök, har du börjat röka?

Sanna – Släpp mig då, jävla kärring.

Lotta kommer in.

Lotta – Mamma… vad är det med Sanna?

Mamma – Ingenting, gå och lägg dig igen.

Sanna går.

Mamma – (*Ropar efter Sanna*) Svara mig då.

Lotta – Mamma…

Mamma – Vad gör du uppe, nu går du och lägger dig på en gång. Vet du vad klockan är?

Lotta – Jag är törstig.

Mamma – Åh Lotta, (*Håller om henne*) förlåt. (*Ropar till Sanna*) Jag tycker inte att du borde träffa dom där kompisarna du har på ett tag. Du får hålla dig hemma Sanna, hör du det…

70

Scen 4.

Kompisar ute

Sanna kommer och går och möter Maria.

Sanna – Hej.

Maria – Hej. Hur var det när du kom hem?

Sanna – Det blev ett jäkla liv.

Maria – Var dom vakna då?

Sanna – Morsan såklart.

Maria – Hur länge var ni kvar?

Sanna – Jag vet inte riktigt. Det blev nog ganska sent. Var det stökigt då?

Maria – Nä, inte så farligt, vi städade ju undan det värsta innan vi gick.

Sanna – Ja, men idag menar jag.

Maria – Hur gick det med Anders då?

Sanna – Anders, det gick väl bra.

Maria – Blev ni ihop.

Sanna – Jag vet inte… kanske.

Sofia kommer förbi.

Sofia – Hej.

Sanna – Det blev ett jäkla liv när jag kom hem.

Sofia – Varför då?

Sanna – Morsan, du vet.

Sofia – (*Till Maria*) Var ni ute länge?

Maria – Nä, vi gick hem ganska fort.

Sofia – Var det inget drag på stan då?

Maria – Nä det var ganska trist.

Sanna – Henrik då?

Maria – Han hängde med Jossan.

Sanna – Stack dom hem?

Maria – Jag vet inte vart dom gick.

Sanna – Är dom ihop eller…

Maria – Jag fattar inte varför du bryr dig om det. Du är väl ihop med den där Anders nu.

Sofia – Var det mycket att städa?

Maria – Nej inte så farligt.

Anders kommer.

Anders – Hej. Hej Sanna.

Sanna – Hej.

Anders – Kom… (*Går iväg en bit, Sanna följer efter*) Du… det där igår… jag tycker det var himla fint på nåt sätt.

Sanna – Vad menar du.

Anders – Ja, att det var allvar liksom.

Sanna – Vadå?

Anders – Det där som hände. Du och jag, att vi hör ihop på nåt sätt. Det liksom klickade på en gång. Jag skrämde dig väl inte?

Sanna – Ja... eller nej, det gjorde du inte.

Anders – Vad gör du ikväll?

Sanna – Jag vet inte, ingenting antar jag.

Anders – Kan du inte hänga med ut då?

Sanna – Jag har inga pengar.

Anders – Jag har, jag bjuder.

Sanna – Jag vet inte vad morsan skulle säga.

Anders – Äh! Skit i henne.

Sanna – Hon blev så himla förbannad när jag kom hem i natt.

Anders – Det blir alla morsor.

Sanna – Ja, jag hänger väl med då. Var ska vi ses?

Anders – Här, klockan nio.

Sanna – Okej.

Anders – Nä nu måste jag kila. Jag har lite grejer jag måste fixa, till ikväll. Vi ses sen då.

Sanna – Ja visst.

Anders går iväg. Sanna går tillbaka till Maria och Sofia.

Maria – Nej nu måste jag verkligen sticka, annars hinner jag aldrig i tid.

Sofia – Ja, vi ses, hej då.

Maria går.

Sofia – (*Till Sanna*) Vad sa han?

Sanna – Vi skulle träffas i kväll.

Sofia – Ja, då så. Då har du ditt ordnat med ny kille… Jag menar om han vill ses flera gånger…

Sanna – Det verkar så, men jag måste komma ifrån hemma först.

Sofia – Det är väl inget.

Sanna – Du känner inte min morsa du.

Sofia – Äh, säg att du gått hem till mig.

Sanna – Tror du att det hjälper då. Hon litar inte riktigt på mina kompisar sen igår.

Sofia – Märkte hon nåt då?

Sanna – Jag vet inte, hon satt ju uppe och väntade på mig.

Sofia – Typiskt ensamma morsor.

Sanna – Det får man väl vara glad för egentligen, det kunde ju varit värre. Man kunde ju ha varit föräldralös i Brasilien eller nåt. Vart skulle du nu?

Sofia – Jag? äh, jag skulle bara gå och handla.

Sanna – Jaha, vadå?

Sofia – Mat. Morsan var ju ut igår igen och ligger och sover hela dan. Nån måste ju göra det, handla alltså. Tur att det finns lite pengar över till det ändå.

Sanna – Kan jag hänga med, jag har ändå inget att göra.

Sofia – Kan du väl.

De börjar gå.

Sanna – Morsan har ju luktsinne som en sån där tryffel-gris, det går inte att dölja någonting för henne…

Scen 5.

Matbordet hemma hos Sanna

Mamma dukar, Lotta kommer in.

Mamma – Sa du åt Sanna.

Lotta – nej.

Mamma – Men jag sa ju åt dig. (*Ropar ut i kulisserna*) Sanna…

Sanna – (*Utifrån*) Vad är det nu då?

Mamma – Det är mat.

Sanna – Jag vill inte ha.

Mamma – Det vill du visst det, man kan inte leva utan mat. (*Går och sätter sig*) (*Till Lotta*) Sätt dig ner nu. (*Ropar till Sanna*) Kommer du inte så blir du utan…

Lotta – Den där skolresan vet du, det blir nog till Danmark som vi sa, Legoland och det…

Sanna kommer in.

Mamma – Och jag som har så lite pengar.

Lotta – Vi ska hjälpas åt och sälja lotter och sälja bröd och bullar.

Mamma – Jaha, så får man börja baka också... Du får nog börja mjölka din pappa på lite pengar också... ja, hade ni inte haft honom så fick vi väl bo på gatan alla tre...

Sanna sätter sig ned. Tyst en stund.

Mamma forts. – Du stannar väl hemma ikväll.

Sanna – Varför det.

Mamma – Du är ju aldrig hemma nuförtiden.

Lotta – Det är dom där äckliga killarna.

Mamma – Lotta!

Lotta – Och hennes konstiga kompisar.

Sanna – Håll käften.

Lotta – Det är den där Anders.

Sanna – Vad vet du om honom?

Lotta – Jag har väl sett honom, han är ju äcklig. (*Grimaserar*)

Mamma – Lotta!

Lotta – Har du inte sett hur han ser ut då? Finnar och en sån där äcklig liten mustasch, Jag är säker på att den blåser bort bara han går ut genom dörren.

Sanna – Håll käften sa jag.

Lotta – Han har säkert aldrig tvättat sig heller.

Sanna – Säg åt henne att sluta då.

Mamma – Sluta nu Lotta. (*Tyst en stund*) Du kan äta skinnet.

Sanna – Det är bara tarmar.

Lotta – Tarmar!

Sanna – Ja, såna som skiten åker igenom.

Mamma – Måste du säga det.

Lotta – Jag vill inte ha.

Mamma – Dom är ju tvättade.

Lotta – Det skiter jag i.

Sanna – Skit som skit.

Lotta – Ja, som den där Anders då.

Mamma – Måste ni hålla på så där.

Sanna – Vadå vi, det var ju hon som började.

Mamma – Ja men måste du alltid fortsätta då? Kan du inte växa upp nån gång och börja ta lite ansvar, hon är faktiskt din syster.

Sanna – Va fan skäller du alltid på mig för.

Mamma – Det gör jag väl inte.

Sanna – Det gör du väl. Det är alltid mig det är fel på. Du hatar mig, säg som det är. Du ville aldrig ha mig egentligen, ingen ville ha mig, jag kom och förstörde era jävla liv.

Mamma – Sanna, för guds skull.

Sanna reser sig så att stolen faller i golvet.

Sanna – Du skulle väl bli glad om jag dog.

Sanna går ut.

Mamma – (*Med ansiktet i händerna*) Varför blir det alltid så här.

Tyst en stund.

Lotta – Mamma… Jag går ut en stund.

Lotta reser sig och går.

Mamma – (*Suckar*) Ja, ja…

Mamman reser sig och dukar av bordet.

Scen 6.

Hemma hos Daniel

Sanna och Anders kommer in i en scenbild med mycket musik, inte mycket möbler men suggestiva bilder på väggarna.

Anders – (*Något orolig*) Vi är här nu. (*Sänker musiken*)

Daniel kommer in från ett annat håll.

Daniel – Tjenare.

Sanna – Hej.

Daniel – Ja, så här bor jag. Inte så jävla stort, men ändå nåt att krypa in i och kommunen betalar. Sätt er så ska jag hämta nåt att dricka. (*Går iväg*)

Sanna – Vad menade han.

Anders – Han är sån, socialen betalar hyran åt honom, fint va, att ha nåt eget menar jag.

Sanna – Ja det är ju alltid nåt. Kommer inte Sofia?

Anders – Jo det tror jag väl, om hon är intresserad.

Sanna – Vadå.

Anders – Äh, inget särskilt. (*Tyst en stund*) (*Daniel kommer in med glas till alla*) Sofia skulle väl komma va?

Daniel – Jag vet inte, kanske om hon hittar.

Sanna – Bryr du dig inte om henne då?

Daniel – Klart jag gör, som du bryr sig om Anders.

Sanna – Visst.

Daniel – Äh, nu skålar vi va, hon kommer om hon kommer. Skål.

Alla skålar.

Sanna – Jag måste på toaletten…

Daniel – Där ute till höger.

Sanna går. Tyst en stund.

Anders – Är det fixat?

Daniel – Du kan väl ta det lite lugnt.

Anders – Jag måste ha det nu, så jag vet att det är klart.

Daniel – Håll dig lugn för fan, du kan väl ta en rök så länge.

Anders – Jag kan väl få det i alla fall, du har ju fått pengarna.

Daniel – Det kan du väl, men passa dig Anders för fan, du har ju tjejen här.

Anders – Det är ju därför fattar du väl.

Daniel – Ja, ja. (*Ger Anders ett litet paket och en vit plastflaska*) Ta det för fan lite lugnt med det där nu.

Anders dricker ur sitt glas medan Daniel tänder en pipa. Daniel räcker över pipan till Anders. Daniel går och hämtar mer dricka. Anders röker och ser allt mer nöjd ut. Daniel kommer tillbaka med hela flaskan.

Daniel forts. – Ska du ha mer?

Anders – Ja visst. (*Ger tillbaka pipan till Daniel. Sanna kommer tillbaka.*) Var det skönt… (*Skrattar åt sitt eget skämt*)

Daniel – (*Ger pipan till Sanna*) Hur var det med din morsa då. Var det lugnt att komma iväg?

Sanna – Jag skiter väl i henne. (*Röker*)

Anders – Röker inte va… (*Skrattar*) Det är fan inte så dumt det där.

Sanna – Nä.

Anders – Fint skit det.

Sanna – (*Ger pipan till Daniel*) Skål. (*Alla skålar*) När skulle Sofia komma då?

Daniel – Jag vet inte.

Sanna – Skiter i henne va.

Anders – Äh fan, nu måste jag på muggen.

Anders reser sig, dricker ur och går iväg.

Daniel – (*Lägger ifrån sig pipan*) Vad vill du höra för musik?

Sanna – Det spelar ingen roll. Duger väl det som är på.

Daniel – Ska du ha mer att dricka då?

Sanna – Jag? Jag har ju inte druckit ur än.

Daniel – Men gör det då så fyller jag på. (*Sanna dricker ur och Daniel fyller på*) Du gillar Anders va?

Sanna – Jag, tja…

Daniel – Du gör det, jag ser sånt.

Sanna – Varför tjatar du om det hela tiden. Jag gör väl det, är det så konstigt.

Daniel – Jag vet inte. Men du, ibland kan han verka lite konstig, ja Anders alltså, men det behöver du inte bry dig om.

Sanna – Vadå konstig?

Daniel – Han kan få lite konstiga idéer bara, inget allvarligt. Han gillar dig också, jag känner sånt.

Sanna – Jaha så du är nån jäkla relationsexpert.

Daniel – Nä, inte så…

Sanna – Har ni känt varann länge?

Daniel – Va.

Sanna – Ja du och Anders, eftersom du vet allt om vad han gillar och så.

Daniel – Nä inte så värst.

Sanna – Nähä. Vad fint du har det.

Daniel – Jasså, tycker du.

Sanna – Ja, det är väl trevligt att ha nåt eget.

Daniel – Det är dyrt, men vad fan är inte det. Inga möbler har man heller.

Sanna – Nä… Vad gör du annars för nåt då.

Daniel – Jag vet inte egentligen. Arbetslös. Går mest och väntar på att nåt ska hända. Jag brukade tycka om konst, men det var länge sen. En gång köpte jag mig en gitarr, skulle väl bli musiker var det tänkt men jag råkade i gräl och slog den i skallen på en kille så den gick sönder. Det blev inget med musiken heller. Nu sitter jag mest och väntar, går till socialen emellanåt och arbetsförmedlingen, annars väntar jag väl på att nåt nytt ska dyka upp, nåt som förändrar allt. Det är inte så jävla stor efterfrågan på såna som mig på arbetsmarknaden precis…

Sanna – Trist.

Daniel – Det beror ju på vad man gör det till. Jag funderade faktiskt ett tag på att börja skriva men jag vet ju ingenting, vet ju inte om jag levt tillräckligt länge för att ha något att skriva om. All inspiration kanske kommer en dag då man minst anar det, då gäller det att släppa det man har och hänga på bara, annars kanske chansen rinner förbi. Du vet, om man inte väntar vid hållplatsen så kör bussen bara förbi... Äh, nu snackar jag så där mycket skit igen.

Sanna – Det gör inget.

Anders kommer in.

Anders – Fan alltså, nu är det så jävla bra... så jävla skön känsla...

Sanna – Vadå? Vad är det med dig.

Anders lutar sig mot Sanna och ger henne en lång över-rumplande kyss.

Anders – Alltså du fattar inte... det är lugnt... Måste sitta, så jävla skönt... måste sitta ner. Vad tror du, det kanske börjar regna. Har du rökt nåt mer av den där ski-ten... gör det. Fan det kanske börjar regna. Men det gör inget... vi har paraply vet du. (*Skrattar*) Hela himlen är ett stort jävla paraply liksom. Inget regn kommer igenom, bara sol... Bara sol. (*Lutar sig mot Sanna*) Inge snö och så, bara sommar liksom...

Anders verkar ha somnat.

Sanna – Anders... Anders... (*Ruskar på honom*)

Anders – (*Tittar upp*) Sanna... följ med mig, sanna. Du måste komma nu för han älskar dig tjejen,.. ifall nån und-rar...

Anders somnar in lutad mot Sanna.

Sanna – Vem då?.. vad pratar du om, Anders... fan också. (*Dricker och gimaserar*) Anders vad fan håller du på med, driver du med mig?

Sanna knuffar till Anders så att han dråsar omkull. Anders ser helt livlös men förnöjd ut. Sanna lutar sig över honom, ropar utåt kulisserna.

Sanna forts. – Daniel… Daniel, vad är det med Anders. Daniel för fan kom då, det är nåt allvarligt med Anders.

Daniel kommer in och ser på Anders.

Daniel – Det är lugnt.

Sanna – Hur fan kan du säga så, han kanske håller på att dö.

Daniel – Inte nu i alla fall. Nu har han det riktigt jävla bra ifall du vill veta. Han är kanske inte riktigt här och ändå är han det. Han är nånstans och mår jävligt bra. Det är ingen fara, som att åka berg och dal banan, det går över efter en stund men under tiden har man jävligt roligt. Han kanske väntar på dig där, att du ska kliva ombord… Ser du, han ler. Inte tycker jag att han ser ut att dö precis. Är han inte söt tycker du.

Sanna – Jo, men…

Daniel – Vill du följa med, jag kan ordna det om du vill, det är ingen fara alls.

Sanna – Jag vet inte… vart då?.. varför…

Daniel – Alla lever vi på vårt lilla sätt.

Sanna – Jag vet inte…

Daniel – Jag ska hjälpa dig.

Daniel blandar ihop en drink med sprit och lite av vätskan från den vita plastflaskan som han ger till Sanna. Hon varken protesterar eller gör något motstånd.

Sanna – Han ler hela tiden.

Daniel – Han väntar. Här, drick det här.

Sanna dricker.

Sanna – Vad väntar han på?

Daniel – Han vet att du kommer.

Sanna – (*Blundar*) Då kommer jag Anders… då kommer jag… kommer…

Scen 6b.

Stick

Ljuset går ned, musiken upp. In kommer andra, drömfigurer, dansande i flor och med tända ljus. De dansar runt Anders och Sanna som till slut bjuds upp att dansa tillsammans med de andra. Sticket avbryts av en dörrklocka som ringer. Dansarna lämnar scenen, Anders och Sanna lägger sig ner igen som de låg innan och musiken sänks. Daniel går och öppnar och in kommer Sofia.

Scen 6c.

Festen fortsätter

Daniel – Hej, nu kommer du försent.

Sofia – Vadå?

Daniel – Dom har redan börjat.

Sofia – Vilka dom?

Daniel – Anders och Sanna.

Sofia – Sanna! Har du?...

Daniel – Det var hon som ville det.

Sofia – Vad fan har du gjort?

Daniel – Vad är det om?

Sofia – Men fattar du inte, hon har ju aldrig…

Daniel – Fan vad alla gnäller på mig hela tiden, jag är ju bara schysst.

Sofia – Får jag ta. (*Pekar på flaskan*)

Daniel – Ja visst… (*Ger Sofia flaskan*) Fan man ställer upp och är schysst, så får man bara skit i alla fall…

Sofia dricker direkt ur flaskan. Ljuset går ned.

Scen 7.

Hemma hos Sanna, Det har gått en tid

Mamma pratar i telefon med mormor, Lotta sysslar med något i närheten.

Mamma – … Ja jag vet… Med henne är det inget problem, nä det är Sanna. Ja, jag vet inte vad jag ska göra längre. Hon har blivit så förändrad på sista tiden. Jag orkar snart inte med det här längre… Jag kan inte låsa in henne, och förresten är hon aldrig hemma heller och inte vet jag var hon är. Dom ringde från skolan också och där var hon inte heller... Nej, hur ska jag veta det... Mig lyssnar hon inte på, bara kallar mig för en massa fula ord och går så fort jag vill prata med henne... Du får komma och prata med henne, hon kanske lyssnar på dig... Ja, ja. Du får väl komma och vara här när hon kommer nån gång... Ja... ja, det ska jag göra. Vi ses då... Mmm, hej då... (*Lägger på*) (*Till Lotta*) Mormor hälsar.

Lotta – Ja... (*Tyst en stund*) Varför pratar ni bara en massa om Sanna nuförtiden.

Mamma – Ja. Varför pratar vi bara om Sanna?

Lotta – Hon är väl inte enda barnet i den här familjen. Du vill inte veta nånting om vad jag har gjort.

Mamma – Lotta, Sanna har det lite jobbigt med nåt just nu och vi måste hjälpas åt allihopa för att hon ska få det bra igen.

Lotta – Men finns inte jag bara för det...

Mamma – Men Lotta. Det är väl klart att du gör. (*Kramar om Lotta*)

Det rasslar till i dörren och Sanna kommer hem.

Mamma forts. – Så, kan inte du springa ut och leka med nåt så ropar jag när maten är klar...

Sanna kommer in och Lotta går.

Sanna – Fan va dött det var här då... Finns det nån mat i det här huset?..

Mamma – Jag ska alldeles snart börja laga... Sanna, Kan du inte sätta dig ner en stund så vi får prata du och jag.

Sanna – Vad fan då för?

Mamma – Jag tror vi behöver det.

Sanna – Jag vet inte… jag har lite att göra nu.

Mamma – Det kan du inte ha, inte som är viktigare än det här.

Sanna – Vadå viktigt, du vet väl inte hur viktiga saker jag har att göra.

Mamma – Jag vill veta vart din stereo har tagit vägen och varför det försvinner pengar för mig.

Sanna – Hur ska jag veta det! Det är väl nån som har snott dom.

Mamma – Det var just det jag tänkte. Vi har inga tomtar här hemma som bär ut sakerna ur ditt rum Sanna.

Sanna – Fråga Lotta då, det har aldrig slagit dig in att det kan vara hon som snor mina grejer.

Sanna sätter sig ned.

Mamma – Vi har det inte så bra med pengar och så, och visst, jag säger inte att vi kunde ha haft det sämre…

Sanna – Man kunde ha blivit sexmördad i Brasilien…

Mamma – Vad pratar du om.

Sanna – Man kunde ha haft det sämre, du sa ju det.

Mamma – Men Sanna, jag menade inte…

Sanna – Du pratar ju alltid bara om pengar. Pengar, pengar, pengar, är det allt du kan prata om det…

Mamma – Jag tänker på... jag tycker inte att det är så bra... Ja, det är den här Anders.

Sanna – Vad är det för fel på honom nu då? Eller vill du börja bestämma vem jag ska vara ihop med. Var det så för dig kanske och farsan, var det mormor som bestämde att ni skulle skilja er också...

Mamma – Jag har inte sagt att det är nåt fel på honom, men jag tycker att du blivit så konstig... Och sen du började träffa den där Sofia...

Sanna – Jag får väl flytta härifrån då om det inte passar.

Mamma – Det är inte så jag menar.

Sanna – Jag är ju så konstig och kostar bara en massa pengar.

Mamma – Sluta!

Sanna – Du verkar ju inte vilja ha mig här, och inte Lotta heller. Farsan vet väl knappt om att jag finns. Du fick väl ligga med honom och så var det en jävla otur att det blev en unge att ta hand om efteråt... Hade vi haft hund så hade den väl pissat på mig också...

Mamma – Sluta! (*Tyst en stund*) Och vart hade du tänkt att du skulle flytta nånstans då?

Sanna – Inte vet jag... Med Anders nånstans.

Mamma – Än så länge är det jag som bestämmer över dig, förstår du det, och innan du gått ut skolan flyttar du ingenstans.

Sanna – Då får jag väl gifta mig med honom.

Mamma – Det vet du att du inte kan, du är alldeles för ung.

Sanna – Man kan få dispens.

Mamma – Man kan försöka tänka lite också. Vad har du för pengar till exempel. Det kostar att flytta hemifrån. Allting kostar pengar, till och med toalettpapper, det tänker man inte på.

Sanna – Jag kan gå till socialen.

Mamma – Vad tror du dom gör då. Du får flytta till en stödfamilj, kanske ungdomsvårdsskola så länge du har skolplikt, men då får du ju gå tillsammans med dom riktigt kriminella, det kanske är det du vill, mördare, våldtäktsmän, knarkare och, ja inte vet jag...

Sanna – Jag är hungrig.

Mamma – Det kan jag förstå som du är ute och ränner. Varför har du inte varit i skolan? Dom ringer därifrån och undrar var du är och vad ska jag svara.

Sanna – Jag skiter i den där jävla skolan.

Mamma – Det är lag på att gå i skolan, det du gör nu är olagligt, skolk heter det och då får man gå om tills man är färdig... Sanna... vad är det som händer egentligen? Håller du på med nåt? Är det knark? Håller du på med det Sanna. Det finns så mycket man kan råka ut för, det står om det i tidningen jämt, partydroger och biffar och boffar och fan vet allt... allt möjligt skit... du anar inte vad man kan råka ut för om man är tjej...

Sanna – Blir det nån jävla mat eller...

Mamma – Ja.

Sanna – Annars drar jag ut igen.

Mamma – Jag ska! Hade det inte varit för Lotta så hade du fått vara utan om det inte passar när det bjuds. Jag tänker i alla fall inte vara nån slav åt dig. (*Tyst en stund, sedan börjar mamma ordna med maten*) ...Mormor kommer hit förresten.

Sanna – Jaha, vad vill hon då?...

Ljuset går ned.

Scen 8.

Kompisar ute

Jossan, Maria, Carro och Sara träffas ute på en allmän plats och pratar om den senaste filmen på biografen.

Jossan – Har ni redan sett den?..

Sara – Ja, den var skitbra.

Carro – Ja, visst var den.

Sara – Tänkte du inte gå.

Jossan – Jo, jag tänkte gå på fredag.

Maria – Skulle inte vi ses på fredag?

Jossan – Ja, men...

Carro – Det sa vi ju.

Sara – Kan du inte gå på lördag istället?

Jossan – Den går sista dan på fredag.

Sara – Imorgon då?

Jossan – Jag kan ju fråga om nån hänger med.

Carro – Var ska vi vara då?

Maria – Fråga inte mig, jag fixade det förra gången.

Sara – Vi kan vara hemma hos mig.

Carro – Får vi det allihop?

Sara – Vi är väl inte så många, förresten har jag egen ingång så vi stör väl ingen om vi är inne hos mig.

Carro – Ja du har tur du, och förstående föräldrar.

Jossan – Jag vet inte om nån vill följa med på filmen.

Sara – Jamen strunta i den, du kan snart se den på nätet ändå.

Maria – Ja, och inte var det ju den bästa man sett heller.

Carro – Jag tyckte den var bra i alla fall.

Sara – Skit samma. Ska vi träffas hos mig eller inte?

Maria – Ja det har vi ju redan sagt.

Carro – Det vet jag inte… om vi var överens…

Maria – Då säger vi det nu då, på fredag hemma hos Sara.

Sara – Sex… sjutiden blir väl bra.

Maria – Hur många kan komma då?

Sara – Inte vet jag… några stycken, bara ni inte tar dit nån knarkare som förra gången. Ta inte med er Sanna eller Sofia eller dom.

Jossan – Vad är det för snack?

Sara – Ja, jag vill inte ha hem några knarkare, fattar du. Jag vill inte att Sanna och den där Anders och dom ska komma hem till mig höga som fan eller ta sprutor och knark eller vad fan dom brukar göra, på min toalett. Det vill jag inte.

Jossan – Egentligen behöver hon oss nu, vi borde kanske ställa upp för henne istället, hjälpa henne…

Sara – Inte hemma hos mig i alla fall, det vill jag inte. Tror du inte att det räcker med att morsan tror att jag håller på med sånt där.

Carro – Sådär är dom, morsorna.

Jossan – Ja, men nu är det allvar, fattar ni inte det? Det är allvar nu. Det går åt helvete för henne om hon fortsätter såhär.

Carro – Det har det redan gjort.

Jossan – Hon är ju våran kompis. Hon dör ju om vi inte gör nåt… man dör av sånt, fattar ni inte det.

Sara – Men tänk om dom kom dragandes hela gänget hem till mig. Tänk om dom fick spel av nåt slag och började slå sönder hela skiten eller stjäla möblerna. Det är ju skitfarligt.

Maria – Det är ju Sanna och Sofia vi pratar om, har ni inget samvete alls.

Sara – Jag har väl hört om hur dom kan få hallucinationer och se ormar och drakar och börja slå på allt som rör sig och kommer i närheten.

Carro – Ja det har man ju hört, och att en del hoppar ut genom fönstret och tror att dom kan flyga.

Maria – Jag menar ju att man egentligen borde göra nåt, hon är ju våran kompis.

Carro – Jag tänker i alla fall inte göra nåt, hon har själv satt sig i den situationen, nu kan hon väl ta sig ur den själv också. Man har väl annat att tänka på än henne.

Maria – Jävla egoist, så du tänker bara sitta och titta på när dina kompisar tar livet av sig.

Carro – Det skiter jag i. Du kan väl ringa polisen om du är så jävla angelägen.

Jossan – Då vet man vad det är för kompisar man har, ifall nåt liknande skulle hända en själv menar jag.

Carro – Fattar ni ingenting ni. Knarkare kan ju gå omkring med vapen och allt möjligt. Ska jag bara gå rakt in i deras liv och riskera att bli skjuten eller vad fan menar ni? Ska jag komma hem och lukta hasch och knark och få polisen och socialen och hela skiten på mig? Fattar ni inte vad man riskerar?

Maria – Hon är ju en kompis…

Sanna kommer in på scenen, alla tystnar, Sanna närmar sig men de vänder ryggen mot henne.

Sanna – Hej… Vad fan är det med er då?.. Vad jävla konstiga ni verkar då… Hallå… Det är jag, Sanna om ni

inte har märkt det... Ja, men slipp då jävla torrisar... för-
rädare...

*Anders kommer in på scenen, vinkar åt Sanna. Sanna går
mot honom.*

Sanna forts. – Vart ska du?

Anders – Jag vet inte, hem kanske... hänger du med?

Sanna tvekar, tittar på kompisarna.

Sanna – Okej, jag känner ändå ingen här.

Sanna vänder sig om och går iväg med Anders.

Tyst en stund.

Jossan – Fy fan vilka kompisar... vilka jävla kompisar.

De lämnar scenen åt olika håll. Ljuset går ned.

Scen 9.

Beskedet

*Sanna sitter på en stol. Mamma går upprört fram och
tillbaka. Sanna tiger hela tiden.*

Mamma – ...Du måste berätta vad det är Sanna... Det är
knark va? Visst är de det. Visst är det knark. Sanna, du
måste prata med mig. Förstår du inte att jag vill hjälpa
dig. Jag älskar ju dig Sanna och jag oroar mig för din
skull. Sanna...

(*Böjer sig ned vid hennes sida, Sanna vänder bort huvudet*) Jag förstår mig inte på dig. Hur kan du bara sitta där och tiga. Prata med mig då, säg vad det är så att jag kan hjälpa dig… Jag vet ju ingenting. Du tänker inte säga nåt va? du tänker inte prata med mig. (*Ruskar om henne*) Va!.. Vem tänker du prata med?.. eller ska du tiga hela livet?

(*Mamma höjer handen för att slå, ångrar sig och sätter sig på golvet bredvid Sanna. Med gråten i halsen.*)

Jag orkar inte det här, jag orkar inte med det här jävla livet. (*Tyst en stund*)

(*Viskar som till sig själv*) Vad är det med dig egentligen… Varför slutade du träffa Henrik, han som var så trevlig och ordentlig. Honom kommer det bli nåt av en dag… Det kan det förstås bli av dig också… Jag hade hoppats så mycket med dig, önskat att allt skulle gå bra för dig… bra med skolan och med kompisar…

Är det mitt fel Sanna? Vad har jag gjort för fel med dig, kan du svara på det… vad har jag gjort för fel? Varför blir det ens så här, kan nån svara på det.

(*Det ringer på dörren, mamma tvekar*) Sanna…

Sanna sitter alldeles stilla, det ringer igen. Mamma torkar tårarna ur ögonen och drar handen genom håret ett par gånger som för att fräscha upp sig något, borstar av kläderna och går ut för att öppna. Efter en liten stund kommer hon tillbaka tillsammans med Henrik.

Mamma forts. – Sanna… Henrik är här… Dom har hittat Anders…

Henrik – Det var ute i parken... han hade tagit för mycket av nåt... Blev helt väck på en liten stund... När ambulansen kom så var det redan försent, det fanns inget man kunde göra längre...

Mamma – (*Går fram till Sanna och lägger handen på hennes axel*) Sanna...

Henrik – Jag är ledsen men det var inget man kunde göra... Han är död, Sanna...

Sanna reser sig upp och går sakta mot utgången.

Mamma – Vart ska du?.. Sanna, ska du gå ut igen...

Sanna – (*Hejdar sig*) Jag vet inte...

Sanna går ut från scenen och bara mamman och Henrik blir kvar. Ljuset går sakta ned.

Friends and bitches

Av:

Thomas Herrgård

Roller:

Irma- En ny tjej på skolan

Irmas mamma

Irmas Pappa

Klara

Bojan

Linn

Bea

Kim

Alex

Filippa

Nora

Kims mamma

Jossan- Kims syster

Sacke

Pontus

Niklas

En musiklärare

En idrottslärare

Författaren

Scen 1a.

Inledande anslag. (Prolog)

En berättare/författare kommer in framför en fördragen ridå.

Författaren – Hur var det nu det började. Vi ville göra en ungdomspjäs om mobbing. Hur ska då en riktigt bra pjäs om ungdomar, mobbing, trakasserier och vänskap se ut. Ja om jag skulle göra en sån så skulle den såklart ha en massa musik, den kanske rent av skulle handla om en musikal, en musikal om en musikal på en skola, fattar ni? Nej, jag ska visa hur jag menar.

Ridån går upp och bakom står alla personerna i frusna positioner.

Det måste ju såklart finnas en del väldigt tydliga karaktärer. Det måste finnas några coola, lite tuffa typer som plastics, det är dom som mest håller på med mobberier och så. Dom får gärna vara lite menlösa, men inte utan attityd.

Plastics – Loosers...

Författaren – ...Sen måste vi ju ha ett gäng med helt vanliga personer fast som dom coola typerna tycker är trista loosers utan någon cool stil. Det roligaste dom vet är såklart att vara med i olika sorters klubbar på skolan, sådant där ocoolt som schack, eller vetenskaper eller till och med en musikal. Det borde förstås komma någon person som är helt ny också. En ny tjej på skolan (*Går fram till en säng där det ligger en person*) Hon vet såklart ingenting om hur det är på sin nya skola, men det kommer hon ganska snart att få se. Några lärare ska det ju vara med eftersom det är en skola och dom är ju så där hopplöst trista som ju lärare måste vara och inte ser dom heller någonting av det som händer eftersom dom hela tiden är så upptagna med annat. Man kan väl säga att det mesta är som det brukar vara i en sån här skolpjäs. Ganska klyschigt och uppenbart, men så måste det vara musik också.... Nu kör vi tycker jag...

Scen 1b.

På skolan

Eleverna har samlats inför repetitionen av en musikal och det är en ganska hektisk stämning på skolan vid ett anslag som handlar om musikalen som ska sättas upp. Alla närvarande är nyfikna på vad som händer och om det sägs något om vilken roll man kommer att kunna få i det kommande arbetet. Musiker sitter på scenen redo att träna på ett av musikalens inledningsnummer.

Bea – Vad står det, står det nåt om vad det blir.

Linn – Det står bara vilka som är med.

Bea – Inget om vilka roller eller så, jag vill inte ha nån speciellt stor roll.

Linn – Det blir musikal, det är det enda man vet.

Plasticstjejerna går förbi.

Bea – Ska inte ni vara med?

Kim – Skulle inte tro det.

Bea – Varför inte det.

Kim – Fatta vad töntigt, larva sig med nån jäkla musikal, det kan ni hålla på med. *(Går iväg med sina följeslagare)*

Bojan – Undrar vad det är som är otöntigt då, sminka sig och kolla på killbilder i mobilen, vilket jäkla tråkigt liv.

Klara – Visste ni att det börjar en ny tjej i vår klass.

Linn – När då?

Klara – Hon börjar imorgon.

Bea – Jaha, bara sådär. Alltså mitt i terminen.

Klara – Ja. Musik-Acke tyckte att vi skulle ta hand om henne.

Linn – Var kommer hon ifrån då?

Klara – Det vet väl inte jag.

Bojan – Hon kanske vill vara med i pjäsen.

Bea – Varför skulle vi ta hand om henne.

Klara – Hur ska jag veta det, vi är väl snälla.

Bea – Vad ska vi göra med henne då?

Bojan – Bjud henne på pizza eller nåt, det tycker väl alla är kul.

Bea – Tänk om hon inte tycker om det då, tänk om hon tycker om att sminka sig och kolla på killbilder istället.

Bojan – Det skulle vara nåt det.

En musiklärare kommer in.

Linn – (*Till läraren*) Varför står det inget om rollerna?

Läraren – Det är inte klart vilka det blir än. Vad vill ni spela?

Bea – Ingen stor roll, fast jag vill gärna sjunga.

Linn – Du kan väl inte sjunga.

Bea – Det vet du väl inte, förresten, är du så bra själv då?

Linn – Det har jag väl inte sagt.

Läraren – Ni får sluta tjafsa om det nu. Vi får se när det blir klart, helst före premiären kan jag tycka. Nä nu måste vi börja. Idag tänkte jag att vi skulle köra inledningslåten, har ni den? (*Musikerna prasslar med sina papper och letar fram rätt låt.*) Ni kan ju hänga med i låten så får vi se hur det låter. (*Ger tjejerna varsitt textpapper.*) Är ni redo… Ett… Två… Tre… Fyr…

Spelar inledningslåten.

Scen 2.

Hemma hos Irma

Det är tidigt på morgonen, mamman stökar i köket och ställer fram frukost och ett litet inslaget paket.

Mamman – Irma! Nu är det dags att vakna. (*Irma vänder sig i sängen*) Irma…. Irma kan du komma upp nu. (*vänder sig i sängen*) IRMA!!

Irma – Jaaa! (*drar täcket över huvudet*)

Mamman – Irma!

Irma – Jag heter inte Irma…

Mamman – Nähä, vad heter du då?

Irma – Sven.

Mamman – Då tycker jag att Sven ska ta och pallra sig upp och äta lite frukost.

Irma – Öööhh, bara en liten stund till, jag kommer snart.

mamman tar upp paketet, går in till Irma och sätter sig på sängen.

Mamman – Isse pisse myra, nu är klockan fyra....

Irma – Lägg av, jag är väl inte fyra år.

Mamman – Jag har en present till dig.

Irma – En present, varför då?

Mamman – för att du ska börja skolan.

Irma – Det är inget konstigt med det, det är en ny skola bara.

Mamman – Ja, ja. Men lite spännande är det väl ändå. Är du inte lite nervös, nya kompisar och så.

Irma – Det sa du om förra stället också och inte blev det något särskilt märkvärdigt, det var ingen som tyckte att jag var något speciellt där inte.

Mamman – Säg bara att du kommer ifrån Stockholm så kommer alla att tycka att du är skithäftig. Då kommer du få massor med kompisar här också. Ja just ja, paketet. (*ger henne paketet som hon öppnar*) ...Det är en telefon...

Irma – Snällt av dig att tala om vad det är… Oh my god! Den senaste. Alldeles ny.

Mamman – Starta den så får du se. Jag har lagt in en speciell bakgrundsbild.

Irma – Det är ju du. Du är ju knäpp på riktigt.

Mamman – Så du inte glömmer bort mig nu när du får så mycket nya kompisar, jag har lagt in mitt nummer också så du kan ringa om det är nåt.

Irma – Tack. (*ger mamman en kram*)

Mamman – Du har pappas nummer där också.

Irma – Såklart.

Mamman – Så, är du inte lite nervös ändå, (*Irma skakar på huvudet*) Säkert?

Irma – Nej.

Mamman – Det skulle jag vara.

Irma – Lite funderar jag ju över hur det kommer att bli med kompisar men det är väl inget att hetsa upp sig över, det kommer säkert att ordna sig på något sätt.

Mamman – Ja, Ibland önskar man att man var lika bekymmerslös som dig, men sätt lite fart nu så vi hinner dit innan de slutar, jag tänkte att vi kunde stanna till på vägen och köpa nån snygg väska åt dig.

Irma – Vad är det för fel på min gamla.

Mamman – Du kan väl inte ha den där gamla påsen, sakerna rinner snart ut ur botten på den.

Irma – Ja, ja.

Mamman – Även om jag vet hur fin du är på insidan så tar det tid för andra att upptäcka sånt. Vad folk ser är om man har en snygg väska och en schysst telefon hur gärna man än skulle vilja att det inte var så. Kliv upp ur sängen nu så gör vi oss i ordning, det kommer att bli en fin dag det här, det är jag säker på.

Mamman går ut i köket och Irma kommer efter invirad i täcket och sätter sig vid bordet.

Irma – När kommer pappa hem igen då?

Mamman – Ja du, inte vet jag hur länge han ska vara i Bryssel den här gången.

Irma – Han har ju inte ens sett det här huset.

Mamman – Nej, det är ju en hel del att göra med flytten och så, till jul är han säkert hemma igen. Tänk inte så mycket på det nu. Du har ju numret i mobilen, ring honom när du kommer hem och berätta om hur det har gått.

Irma – Tror du verkligen han bryr sig om det.

Mamman – Det är klart att han gör.

Scen 3.

I skolmatsalen

Det är ganska livat i skolans matsal och flera elever sitter redan och sorlar och äter. Sacke, och Pontus kommer in och sätter sig vid ett bord i närheten.

Linn – Alltså kolla inte nu.

Bea – Vadå. (*ser sig omkring*)

Linn – Kolla inte sa jag. (*De sätter sig närmare varandra.*) Där är Sacke, visst är han snygg? Han är så snygg så jag dör. Tänk va! om man fick vara med honom en dag.

Klara – Gå dit då och sätt dig där.

Linn – Är du inte klok! dom kommer skratta ihjäl sig.

Bea – Säkert.

Klara – Vet du vad. Bjud ut dom på middag, vi kan ha parmiddag, du och Sacke, jag kan vara med Pontus.

Bojan – Jag kan vara med Niklas.

Linn – Menar du det.

Klara – Klart att jag inte gör. Är inte han ihop med Kim eller nåt.

Linn – Typiskt.

Bojan – När man äntligen hittar drömprinsen så är han redan tillsammans med häxan.

En lärare på skolan kommer in i matsalen tillsammans med Irma.

Läraren – Jaha, så tycker du att du har sett hela skolan nu?

Irma – Ja, det har jag väl antar jag.

Läraren – Bra då. Det här är i alla fall matsalen, maten tar du där... ja det ser du ju... och sen är det bara att sätta sig där det finns plats.

Irma – Ok.

Läraren – Hallå allihopa, hallå hör upp lite nu va!... Det här är Irma, hon kommer att gå här nu, i 8D. Så, är det någon här som kan tänka sig att ta hand om henne? (*Ingen svarar*) Ja, ja. Du kan ta mat där och sätta dig så kommer det nog nån.

Irma tar en bricka och mat som hon lite osäkert bär med sig in i matsalen. Där sitter ett gäng som tittar åt henne och viskar lite sinsemellan. Då hon kommer närmare så ropar de åt henne.

Klara – Du kan sitta här hos oss. (*flyttar lite stolar så att hon får plats*) Så det är du som är den nya tjejen va?

Irma – Ja det kan man väl säga.

Klara – Du ska visst gå i vår klass. Vad hette du sa du?

Irma – Det sa jag inte.

Klara – Ja, men du fattar…

Irma – Irma.

Klara – Irma firma…

Irma – Och du?

Klara – Klara…

Bojan – … Färdiga, gå…

Klara – Nu var du rolig va.

Bojan – Det är jag som är Bojan.

Irma – Så det är du som är den roliga.

Bojan – Om du vill så. Ska du vara med i musikalen?

Irma – Det vet jag inget om, vad är det för nåt?

Klara – Det är det roligaste man kan göra på den här skolan. Varje år sätter man upp en musikal, det är ju bara ett måste om man vill vara nån.

Bea – Jag är med.

Linn – Fast du vet ju inte vad du får för roll än.

Bea – Nä, men det spelar inte så stor roll, bara jag får sjunga. Är du bra på att sjunga?

Irma – Nja, eller jag vet inte, kanske.

Bojan – Klart du ska vara med, vi ska hjälpa dig. Var kommer du ifrån förresten?

Irma – Jag?... ja, stan kan man väl säga. (*tar fram sin mobil som för att kolla om hon fått nåt meddelande*)

Bea – Wow! Du har ju värsta nyaste mobilen, kolla bara!

Irma – Det är väl inget, i Stockholm har väl nästan alla en sån.

Bea – Och så kommer du hit bara, till en sån här liten skithåla. Lika bra att du vänjer dig, här finns det ingenting. Inga nya mobiler, ingenting att göra...

Irma – Det är inte så stor skillnad där från här, lite större bara.

Linn – Vi har inte så gott om killar heller. Han du ser där borta, Sacke, han som är så snygg alltså, han är min, vill du ha honom får du ställa dig på kö.

De skrattar.

Klara – Linn står redan i den kön. (*Viskar*) Han är nog ihop med Kim, alla snygga killar är ihop med henne nån gång, förr eller senare i alla fall.

Irma – Kim?

Bojan – The plastics! Bäst att hålla sig borta från dom. Kim är liksom ledare för dom tuffa, en riktigt otrevlig typ om du frågar mig. Fast egentligen är dom mest löjliga, det tycker åtminstone jag.

Klara – Det har du aldrig sagt till dom i alla fall.

Bojan – Men fattar du vilket jäkla liv det skulle bli, dom skulle spela ut sina löjliga scener överallt i skolan bara för att trycka ner folk. (*Gör en överdriven imitation av Kim inför de andra*). "Hej, bitch plocka upp mina böcker, bara gör det för att jag säger det, looser…" "We are the plastics and you are shit…"

Bea – Passa dig dom kommer!

Bojan sätter sig ned igen och Kim och de andra plasticstjejerna kommer in i matsalen. När Kim får syn på Irma går hon fram till deras bord tillsammans med de andra tjejerna i gänget.

Kim – Jahaja, så det är du som är den där nya som skulle komma. Hänger med ett gäng loosers ser jag.

Plasticstjejerna – Loosers…. (*gör en gruppgest*)

Irma – Det vet jag inte.

Kim – Ska du inte komma över till oss istället för att sitta med massa töntar.

Irma – Jag vet inte det, har du sett några sådana nånstans.

Plastics – Loos…

Kim – Käften!

Irma – Det fanns då inga sådana här innan ni kom.

*Kim går runt Irma och låtsas råka peta ner hennes mobil
från bordet så den åker i golvet. När Irma försöker ta upp
den igen så sätter Kim foten på den så att den inte går att
rubba. Efter lite knuffande så plockar Kim upp mobilen
och trycker igång den bortvänd från Irma.*

Kim – Hoppsan! Kolla här va! Hon har en bild på
mamma...

Irma – Får jag mobilen.

Kim – Försök att ta den då.

Irma – Får jag mobilen sa jag.... Hit med mobilen då,
din konstgjorda jävla apa.

Kim – Bara så att du vet. Här är det jag som bestämmer
vem som är en apa eller inte och om du inte tänker fatta
det så kan du stanna hemma hos din älskade lilla mamma.

Plastics – Uh hu this ma´ shit all you girls stomp your
feet like this...

*Kim ger henne mobilen och går sedan och sätter sig i
knäet på Sacke. De skrattar högt.*

Plastics – Looooosers!

Klara – (*Efter en stund till Irma, ironiskt*) Det börjar bra
för dig tycker jag, verkligen.

Bea – Jag vet inte jag.

Linn – Fan! (*Ser åt Kim och Sacke*) Där sitter hon och kråmar sig som en ål på en krok den där hala slampan. Att dom inte fattar.

Bojan – Sluta nu! Jag tyckte det var bra att hon sa ifrån, det hade ingen av er vågat göra, fast du kommer inte få det lätt nu när du har valt sådana fiender.

Irma – Det är nog ingen fara, jag känner igen den där typen. Mig ska hon inte få sätta sig på, det är då säkert.

Bea – Jag är inte så säker jag.

Scen 4.

Hemma hos Irma

Irma och hennes mamma sitter vid ett köksbord, Irma håller på med sin mobil.

Mamman – Värst vad du var tystlåten.

Irma – Mmm.

Mamman – Hur var det i skolan då?

Irma – Sådär.

Mamman – Var det inget bra?

Irma – Vad du frågar hela tiden.

Mamman – Jag är väl nyfiken, man har väl rätt att fråga. Hur var det i skolan?

Irma – Sådär.

Mamman – Bara sådär?

Irma – Det var väl bra.

Mamman – Fanns det några snygga killar där då?

Irma – Det gjorde det väl.

Mamman – Fick du några nya kompisar?

Irma – Jag vet inte.

Mamman – Vadå vet inte. Fanns det inga kompisar där, eller ville du inte.

Irma – Kan du inte sluta nu, fråga inte en massa. Jag träffade lite tjejer men jag vet inte. Alla verkar så konstiga, så tillgjorda. Som om det inte går att vara sig själv, som en jävla film, ytliga och tillgjorda. Man kan bara vara antingen si eller så, inte både och.

Mamman – Du ska se att det blir bättre, bara du får lära känna dom.

Irma – Dom ville att jag skulle vara med i nån pjäs också, nån high school musical eller nåt.

Mamman – Det ska du väl, sånt är ju du jättebra på.

Irma – Kanske jag ska. (*Fortsätter att hålla på med sin mobil*)

Mamman – Vad tyckte dom om din nya mobiltelefon.

Irma – Den var nog lite för häftig för dom, här verkar dom inte ha så mycket överhuvudtaget.

Mamman – Du vänjer dig snart ska du se, det är inte som i stan men det funkar. Du kanske ska ringa till pappa också och berätta.

Irma – Kanske det.

Mamman – Jag har lagt in numret där, så du behöver bara...

Irma – Ja, jag ska! (*Ringer upp sin pappa*) ...Hej, det är Irma. Jo det är bra... jag började idag... nej jag var inte så nervös, det var nog mest mamma faktiskt. Några fanns det väl som det gick att vara med... ja... jag fick en ny mobil av mamma... om du inte kände igen numret, fast nu kan du spara det så du vet... Ja det ska jag. När kommer du hem... måste du vara där. Du vet ju knappt hur det ser ut här... nej mamma håller på hon och plockar och så, så nån ordning ska det väl bli, fast inne hos mig är det som det brukar. Ja det ska jag, kommer du ihåg att spara numret nu då... glöm inte det nu. Ja... ringer du sen då, vi hörs... Hej då... (*Lägger på.*)

Mamman – Nu sa du ju inget om den där teatern.

Irma – Jag vet ju inte om jag ska vara med. Jag kan ju inte säga att jag ska vara med i nån pjäs och sen inte vara det.

Mamman – Fast det tycker jag att du ska. Du har ju alltid varit så bra på teater och sånt.

Irma – Jag ska tänka på det.

Mamman – Det tycker jag verkligen, det vore ju synd annars och här ute på landet är det väl inte precis något överskott på talangfulla skådespelerskor tyckte jag det lät som.

Irma – (*skrattar*) Nej det kanske det inte är.

Mamman – Ät upp nu så ser vi på teve, jag har satt ihop soffan, alldeles själv.

Scen 5.

Hemma hos Kim

Kim och Nora sitter försjunkna i varsitt hörn av rummet som om de inte har nåt bättre för sig, kastar något lite förstrött mellan varandra. De andra två är inne i en djup konversation om något de tycker är superviktigt.

Alex – Alltså! Jag kan bara tugga på en sorts tuggummi jag.

Filippa – Looser….

Alex – Vad är det med dig! Har du nåt problem eller?

Filippa – Ja, dig…

Alex – Looser kan du vara själv din fjant.

Filippa – Men snacka om blond – "jag kan bara tugga en sorts tuggummi…"

Alex – Du fattar inte vad jag menar.

Filippa – Nej, vad menar du då, att du skulle svimma om du bytte smak.

Alex – Seriöst alltså. Dig går det ju inte att snacka med.

Filippa – Vadå! Kan man inte snacka? Vad ska vi göra då menar du? Ska vi bara sitta här eller vadå.

Alex – Kan du inte bara säga ja, måste du kommentera allt hela tiden.

Kim – Kan ni lägga av!

Alex – vadå?

Kim – Måste ni tjafsa om allt!

Filippa – Vad tycker du att vi ska göra då.

Kim – Vadå?

Filippa – Det är så tråkigt, vad ska vi hitta på?

Kim – Vi kan rösta om vem som är den snyggaste killen.

Filippa – Då röstar jag på Sacke.

Kim – Nej, det gör du inte, han är upptagen.

Filippa – Ok. Jag röstar på Pontus.

Alex – Jag röstar på Pontus.

Kim – Och du Nora, Vem tycker du är snyggast?

Nora – Jag vet inte.

Kim – Vadå vet inte! Nu får du bestämma dig, det har alla andra gjort.

Nora – Ok! Niklas då, han är väl rätt snygg.

Filippa – Niklas!

Nora – Ja, är det nåt fel med det, måste man välja samma som alla andra?

Alex – Jag röstar på Pontus jag, han är skitsnygg.

Filippa – (*Upprepar som en fotbollsramsa*) Pontus, Pontus, Pontus...

Kims syster Jossan kommer in i rummet.

Jossan – Vad gör ni?

Kim – Ingenting.

Jossan – Får jag vara med?

Kim – Nej det får du inte.

Jossan – Mamma säger att alla får vara med.

Kim – Men gå och var med mamma då... Stick.

Jossan – Jag säger till mamma...

Kim – Tror du att jag bryr mig.

Jossan går.

Kim – Ok. Men vem är den fulaste tjejen i skolan då?

Tyst en stund.

Kim – Nå. Vem är det?

Alex – Den här nya tjejen…

Filippa – Hon med den fula kjolen, hon är lätt fulast….

Alex – Hon är ful, ja det är hon… Och vilket namn…
Irma, som en gammal tant.

Kim – (*Till Nora*) Och vad tycker du då Nora? Håller du
inte med, tycker du inte att hon är ful egentligen.

Nora – Jag vet inte…

Kim – Vad tycker du då?

Nora – Jag tycker det här är lite löjligt.

Kim – Vadå?

Nora – Att snacka om vem som är fet eller ful eller vad,
vem bestämmer det egentligen? Är det du? Jag tänker inte
vara med om nån sån omröstning.

Kim – Vadå!

Nora – Jag tänker inte rösta om vem som är snygg eller
inte, vi tänker väl olika, eller fattar du inte.

Kim – Nej det gör jag inte, vi tänker väl lika, eller gör vi inte.

Alex – Ja det gör vi väl.

Nora – Jag tänker i alla fall inte vara med och rösta om nåt sånt.

Kim – Då kan du väl lika gärna vara med i deras löjliga musikal.

Kims mamma – (*kommer in i rummet*) Hej tjejer, vill ni inte ha lite fika, lite saft kanske...

Kim – Vi kommer ner.

Kims mamma – Jag kan komma upp med lite gott om ni vill ha...

Kim – Vi kommer ner sa jag.

Kims mamma – Då ordnar jag det. (*går ut*) Det står i köket...

Kim – (*Till Nora*) Vem tycker du är den fulaste nu då? Vi verkar vara rätt överens, men du ser ganska osäker ut. Nå?

Nora – Jag vill inte. Fattar du trögt.

Kim – Jaså! Du kanske skulle dra iväg till dina nya bästisar bland musikaltöntarna då.

Alex och Filippa – Looser...

Nora – Kanske är bättre det än att sitta här och tröka med er. (*Rusar ut*)

121

Kim – Stick om du vill, men du vet i alla fall vilka du hör ihop med…. Nån mer som tänker dra?

Filippa – Nej,

Alex – Nej. Skulle vi inte fika?…

Kim – Jo, men vi kanske skulle träna lite på den där låten först.

Filippa och Alex – Ok.

Kim – Då så. Är ni med?…

Kim drar igång en låt som de alla kan och har kört hundra gånger och så slentriansjunger de låten tills att mamman knackar på dörren.

Kim – Ja! Vad vill du?

Kims mamma – Kan inte Jossan vara med er, hon säger att ni inte låter henne vara med.

Kim – Hon är ju så dryg.

Kims mamma – Nu är det nog du som är dryg, hon är ju din syster så du får faktiskt ställa upp lite.

Kim – Ja, ja. (*Jossan kommer in*) Du får vara publik.

Kims mamma – Så var det ju fika om ni ville ha.

Kim – Vi kommer… sen.

Musik.

Scen 6.

Sacke, Pontus och Niklas

Killarna kommer gående över scenen.

Sacke – Dom har frågat om jag ville vara med i den där musikalen.

Pontus – Jaså! Ska du det då?

Sacke – Jag vet inte.

Niklas – Du kan väl inte sjunga.

Sacke – Det behövde man inte kunna sa dom. Alla måste inte sjunga. En del behövde bara vara med. Liksom att dom saknade killar... Ska inte ni vara med då?

Bea går över scenen med en sportbag och råkar höra vad de pratar om.

Pontus – Jag vet inte, ska du det då?

Sacke – Jag funderar på det, det kanske kan vara kul, det vet man ju inte förrän man provat.

Niklas – Kanske kan bli lite romantik där också.

Sacke – Jo du. Kanske det.

Pontus – Kanske skulle göra ett försök, lite omväxlande från det vanliga är det i alla fall.

Niklas – Men om man skulle få världens scenskräck då?

Sacke – Det går väl över. Vi kör lite sånt ett tag, tights och dans och sång och repliker.

Niklas – Nu tar du väl i i alla fall.

Pontus – Äh, jag är på. Vi får väl se vad det blir, kan bli roligt också.

Niklas – Vad säger Kim om det då?

Sacke – Det skiter jag i, hon kan väl inte bestämma vad jag ska göra.

Niklas – Ok, vi testar väl.

De går ut.

Scen 7.

Ute vid en av skolans utebänkar

Nora sitter ensam på en bänk då Irma kommer förbi.

Irma – Hej.

Nora – … Hej.

Irma – Sitter du här alldeles själv?

Nora – Det ser så ut.

Irma – (*Sätter sig*) Jaha, var är dom andra då?

Nora – Det vet jag inte, dom är väl nånstans.

Irma – Det är dom säkert. (*Tyst en stund*) Det är jag som är Irma förresten.

Nora – Jo jag vet.

Irma – Såklart, det är väl inte så många nya som har börjat på skolan den sista tiden.

Nora – Nej.

Irma – Vad hette du då?

Nora – Nora.

Irma – Fint.

Nora – Det vet jag inte, ett namn som rimmar på hora, det är väl inte så jäkla kul hela tiden.

Irma – Vadå! Säger dom det?

Nora – Det händer väl.

Irma – (Ironiskt) Schyssta kompisar.

Nora – Det kan man säga.

Irma – Sånt är det bara att skita i, det gör jag hela tiden. Ska du vara med i den där musikalen?

Nora – Nej, eller jag vet inte. Det funkar liksom inte så.

Irma – Vadå?

Nora – Man kan liksom inte vara kompis med Kim och samtidigt… Alltså du fattar…

Irma – Vadå! vill du vara med då?

Nora – Det kanske hade varit kul nån gång. Men det är inte så det funkar här, man kan inte vara på två ställen samtidigt om du förstår vad jag menar.

Irma – Så du låter Kim bestämma vad du ska göra… Alltså nu blir jag förbannad på riktigt, att du låter den där påmålade apan avgöra vad du ska vilja eller inte. Nu har då jag bestämt mig. Jag ska vara med, så får andra tycka precis vad dom vill.

Nora – Önskar jag kunde säga så, men det där med teater är ju för töntar…

Irma – Då är väl jag en tönt då, eller en sån där looser som kan bestämma själv och gör som jag själv vill och inte bara det som andra säger.

Nora – Tänk om man kunde säga detsamma. Men ibland kan dom vara så jäkla taskiga så man bara vill dra nån stans.

Irma – Vart skulle man då ta vägen, menar du.

Nora – Inte vet jag. Bara sticka så man får vara ifred. Sätta sig nere vid älven och bara titta på vattnet. Det kan vara rätt skönt på nåt sätt, skingrar tankarna liksom.

Irma – Jag fattar.

Nora – Tänk om vi kunde vara kompisar.

Irma – Är det nåt som hindrar dig.

Nora – Fatta! Det skulle bli världskrig. Jag skulle bli så utmobbad av dom där så du kan inte föreställa dig. Det orkar jag bara inte.

Irma – Ok, det är du som väljer, men jag har i alla fall inget emot att vara kompis med dig, bara så du vet det.

Nora – Du är åtminstone schysst. Och cool på nåt sätt.

Irma – Ja du vet, det blir man om man kommer till en sån här liten håla och har varit med om en del innan. Man får passa sig bara så man inte fastnar i alla gamla invanda mönster. Det är ju inget fel i att vara den man är, se ut som man gör och tänka som man tänker, man kan faktiskt passa in ändå.

Nora – Mmmm.

Irma – (*Tittar på klockan*) Nej nu måste jag sticka om jag inte ska komma försent. Men ta och fundera över det där med teatern, jag kan tänka mig att det säkert behövs någon som dig där också.

Nora – Det ska jag. Hej då.

Irma går ut och samtidigt kommer Kim och hennes gäng in från andra hållet och går fram till Nora.

Kim – Där ser man, Nora snora har skaffat sig nya vänner.

Nora – Nej, det vet jag inte…

Kim – Och vad pratade ni om då.

Nora – Inget särskilt.

Kim – Ni satt väl inte här och beundrade vädret. Vad ville hon?

Nora – Jag vet väl inte vad hon ville, hon sa väl hej.

Kim – Hon sa väl hej. Man sitter väl inte och snackar i flera minuter bara för att säga hej.

Alex – Så ocoolt alltså.

Filippa – En looser.

Kim – Så du har bytt sida nu då.

Nora – Nej det har jag inte.

Kim – Kan du bevisa det.

Nora – Vad ska jag göra.

Kim – Du får visa att du fortfarande är en av gänget.

Alex – Hon kan få äta snor.

Filippa – Eller slicka på en lyktstolpe.

Kim – Jag har en bättre idé. Du får sno den där subbans mobiltelefon.

Nora – Vad snackar du om! Jag kan väl inte sno hennes telefon, hur skulle det gå till?

Kim – Klart du kan, det är väl bara att ta den, det är väl idrott idag va?

Alex och Filippa – Sno den, sno den, sno den...

Kim – För du är väl med oss...

Nora – Vad ska du ha den till.

Kim – Vad tror du? Kolla in hennes morsa. Hon får väl tillbaka den så fort du har bevisat på vems sida du står, eller trodde du att jag skulle sälja den på blocket.

Nora – Man vet aldrig.

Kim – För du skyddar väl inte henne, eller gör du...

Nora – (*Tveksamt*) Nej...

Kim – Då vet du vad du har att göra, ok?... Ok sa jag...

Nora – Ok.

De går iväg så att bara Nora blir kvar och runt henne byggs scenen om till ett omklädningsrum på skolan. Andra elever kommer in i träningskläder och sportväskor.

Scen 8.

Omklädningsrummet

Nora sitter lite avsides utan att de andra lägger märke till henne.

Bea – Jag hörde att snygg-Sacke ville vara med i musikalen.

Linn – Tänk om jag får spela mot honom, fattar ni, jag kommer dö.

Bea – Då får du hoppas att det blir nåt romantiskt så du åtminstone hinner med det innan du kolar av.

Linn – Men tänk om han pratar med mig, då dör jag på riktigt.

Bea – Det gör du säkert.

Klara – Man undrar vad Kim har och säga om det.

Bea – Ja det skulle man vilja höra.

Linn – Eller inte.

Bea – Hon får nog spel på riktigt.

Linn – Lite som det brukar vara då.

Klara – Lagom åt henne tycker jag ändå.

Linn – Hoppas att dom andra killarna blir med också.

Bea – Varför det? Du har väl inte tid med mer än en i alla fall.

Linn – Vad knäpp du är.

Bea – Hoppas i alla fall att Irma blir med. Hon verkar schysst på nåt sätt, nån som man kan lita på.

Klara – Tur i alla fall att inte alla är som Kim.

Man hör hur någon blåser i en visselpipa och de går ut. Irma kommer inrusande, slänger ifrån sig sin väska bland de andras och går vidare. När alla har försvunnit går Nora fram och letar igenom Irmas väska. Hon tar hennes mobiltelefon och går ut den andra vägen.

Gymmusikdans.

Scen 9.

Mobiltelefonen

Kim och de andra kommer in från det ena hållet och möter Nora mitt på scenen.

Kim – (*Till Nora*) Nå, har du nåt åt mig?

Nora – Mmm, Jag gillar inte det här.

Kim – Det behöver du inte, hit med den bara.

Nora – (*Ger henne motvilligt telefonen*) Ok, kan vi ge tillbaka den nu.

Kim – Ge tillbaka den?

Nora – Ja du har fått telefonen som vi sa, kan vi ge tillbaka den nu. (*Försöker ta tillbaka telefonen ifrån Kim*)

Kim – Det tror jag inte. Jag tror det är dags att lära den där lilla uppstickande bitchen en läxa. Hon ska få tillbaka lite med ränta, så hon fattar vem hon har att göra med.

Nora – Det sa vi inget om.

Kim – Nej det gjorde vi inte, man kan väl ändra sig. Den lilla horan ska inte tro att hon kan komma hit och sno mina kompisar och min kille och säga vad fan hon vill till mig. (*Skriver meddelande på telefonen.*)

Nora – Det är väl ingen som har snott nåns kille.

Kim – Sacke ska väl vara med i deras trista teater vad jag förstår.

Nora – Du vill säkert vara med själv, det är väl det det handlar om.

Kim – I sånt fall gör jag väl en egen teater, hur svårt kan det vara… Vad ska jag skriva nu då?... "Jag trodde du var en kompis men nu fattar jag att du bara är en töntig liten skit som tror att du är nåt. Du är inte bara ful, du har fula kläder och beter dig som en barnunge också. Jag fattar nu varför ingen vill vara kompis med dig. Jag skulle aldrig ha kommit hit för då hade jag sluppit träffa dig överhuvudtaget."

Alex – Skriv att dom luktar bajs.

Filippa –…Äter bajs ska det väl vara.

Alex – Eller bajsar på sig.

Filippa – Du kanske kunde skriva att dom borde dö.

Alex – Hoppa från en bro…

Nora – Sluta!

Kim – Försent.

Nora – Vem har du skickat det till?

Kim – Alla hennes kompisar. Nu får vi se hur det går för deras lilla fjollteater.

Nora – Fattar du vad du just gjort?

Kim – Du fattar visst inte vem du hör ihop med. Klart jag förstår, hon ska få äta sin egen skit den lilla råttan.

Nora – Det är ju olagligt, man kan inte göra så.

Kim- Jag kan alltid berätta vem det var som stal telefonen, eller tänker du förneka det med, precis som du förnekar att du så gärna vill hänga med töntarna.

Nora – Nej.

Kim – Och vad kan ni bidra med då?

Alex och Filippa – Loosers.

Nora – Smart, verkligen. (*Går iväg*)

De andra skrattar lite åt Irmas telefon, tar en gruppselfie, slänger telefonen på marken och går sedan iväg. Efter en stund kommer Nora tillbaka och hittar telefonen som hon tar med sig ut.

Scen 10.

I omklädningsrummet

Klara, Linn och Bea kommer in i omklädningsrummet, rotar lite i sina väskor och tar fram sina mobiler för att kolla om de fått några meddelanden.

Bea – *(Efter en stund)* Vad är det här för något! Nu fattar jag ingenting.

Klara – Då är allt som vanligt då.

Bea – Nej, jag har fått ett sms från Irma. Först är hon så väldigt trevlig och sen det här. Har ni fått något?

Linn – Får jag se! Det är samma som jag har fått. Vilken bitch. Bäst att hon åker tillbaka till Stockholm då om hon tycker vi är så jobbiga.

Bea – Jag fattar inte hur nån kan vara så taskig.

Klara – Om hon nu hellre vill hänga med Kim och dom så får hon väl göra det, jag klarar mig i alla fall utan att vara kompis med en sån skithög.

Irma kommer in i omklädningsrummet och de andra sitter tysta som om de ignorerar henne.

Irma – Jag har funderat lite på det där med musikalen och tänkte att jag nog skulle vara med ändå… Vad är det med er nu då? Varför säger ni ingenting? är det nåt som har dött här eller…

Klara – Jag fattar inte varför du bryr dig, om du nu tycker att vi är så fula och jobbiga. Gå till Kim och dom om du vill, hon har säkert nån riktigt cool uppgift åt dig, du kanske kan få lära dig att säga looser på ett sånt där riktigt coolt sätt som bara dom kan.

Klara går ut och Bea och Linn följer henne ut. Irma blir ensam kvar och letar lite i sin väska efter sin telefon som nu är borta. Efter ett tag kommer Nora in med avsikten att lämna tillbaka Irmas telefon, men Irma sitter redan där.

Irma – Hej.

Nora – Hej, vad gör du?

Irma – Ingenting, eller… jag letar efter min telefon, jag hade den ju här i väskan, den har legat där hela tiden och nu är den liksom borta… Vad kan det ha tagit åt dom egentligen, plötsligt verkar dom bara hata mig. Jag fattar ingenting.

Nora – Hormonerna, det säger morsan alltid, hormonerna…

Irma – (*Tömmer ut hela innehållet i sin väska på golvet.*) Den är borta! Nån måste ha snott min mobil. Fattar du. Hur kan man sjunka så lågt, jag skulle kunna mörda den som har gjort det här. Man kommer hit och försöker vara trevlig och schysst och så får man bara skit. Vad har jag gjort för nåt för att alla ska börja hata mig. Jag fattar verkligen ingenting. Får man inte vara som man vill här eller, kan du svara på det.

Nora – Jag vet inte…

Irma – Nej det verkar det inte vara många som gör, Finns det någon här som ägnar sig åt något vettigare än att retas och jäklas med varandra?

Nora – Jag vet inte, ingen har väl riktigt tid.

Irma – Men sitta och snacka skit bakom ryggen på folk det verkar man ha hur mycket tid som helst till…(*Rafsar ihop sina saker och slänger ner dem i sin väska*) Jag fattar mig inte på nån av er… (*Går iväg*)

Nora – Skit också… skit, skit, skit…

En idrottslärare kommer in.

Idrottsläraren – Sitter du kvar här alldeles ensam?

Nora – Ja, jag mådde inte riktigt bra så jag satt kvar en stund.

Idrottsläraren – Oj, vad är det då, har du ont i magen då eller vad är det?

Nora – Ja, eller jag vet inte…

Idrottsläraren – Mår du dåligt då, så att du behöver åka hem? Jag kanske ska ringa din mamma.

Nora – Det behövs inte.

Idrottsläraren – Det är inte nån som har varit dum mot dig då? Sagt eller gjort något dumt.

Nora– Nej.

Idrottsläraren – Ok, men nästa gång kanske du kan komma ombytt och vara med på lektionen istället för att sitta härute för dig själv. Ska vi säga så?

Nora – Ja.

Idrottsläraren – Och så ber du mamma ringa om du åker hem, så vi vet att du är sjuk.

Nora – Ok.

Idrottsläraren – Jag ska bara släcka och låsa igen och så, men du kan sitta här en stund om du vill.

Nora – Det blir bra, jag ska ändå snart gå.

Idrottsläraren går ut. Nora sjunker ihop med händerna i ansiktet som om hon börjar gråta och det blir mörkt på scenen.

Scen 11.

Hemma hos Irma

Irma sitter och kluddar på ett papper medan mamman stökar fram lite julsaker.

Mamman – Det var värst vad du var munter idag då. Har det hänt något?

Irma – Nej, inget särskilt.

Mamman – Är det inget vidare i skolan?

Irma – Det är väl som vanligt.

Mamman – Vad har du gjort av din nya telefon då?

Irma – Jag har glömt den i skolan.

Mamman – Jaha, det var synd… Jag pratade med pappa idag. Han skulle få ledigt ett par dagar nästa helg, så han kunde komma hem. Det var väl roligt.

Irma – Ja.

Mamman – Då kan vi komma och titta på repetitionerna av den där musikalen. Du skulle väl vara med i den?

Irma – Ja det tror jag väl.

Mamman – Vad var det den hette nu då?

Irma – Friends and bitches.

Mamman – Vilket passande namn på en pjäs.

Irma – Det passar ju bra på den där skolan i alla fall.

Mamman – Vänta bara tills att dom får se dig på scen, då kommer dom att fatta… Vilken ska jag välja av dom här tycker du? (*Håller upp två ljusstakar*).

Irma – Inte vet jag.

Mamman – Då tar jag den här, tror jag, eller den här blir bra… Hjälper du mig att sätta upp gardiner sen?

Irma – Kan jag väl.

Mamman – Så ordnar vi lite glögg och pepparkakor sen, lite mysigt bara du och jag.

Irma – Det gör vi.

Mamman – Du har väl skrivit en önskelista?

Irma – Vadå!

Mamman – Vad du vill ha i jul, du vet tomten kommer inte om man inte önskar sig något riktigt, riktigt mycket.

Irma – Tomten! Ibland är du så barnslig.

Mamman – Får man inte vara det då? Det är inte fel och vara lite barnslig ibland, det kunde du ha lite mer av tycker jag nog istället för att sitta och sura. Upp med mungiporna nu så fixar vi lite julfint.

Irma – Ja, ja…

Ljus bort, musik.

Scen 12.

Audition på skolan

Musikläraren står på scenen tillsammans med orkestern. Sacke, Pontus och Niklas kommer in.

Musikläraren – Ja, där är du, vad bra att du kom.

Sacke – (*tveksamt*) Ja.

Musikläraren – Jaha, Kan du det här då?

Sacke – Det vet jag inte…

Musikläraren – Ja, det säger alla. Och ni? Ville ni också vara med?

Niklas – (*Pekar på Sacke*) Han tyckte det.

Musikläraren – Det är ju skitbra, vi behöver verkligen några modiga killar som vågar stå på scen. Jaha, törs ni sjunga nu då?

Pontus – (*Pekar på Sacke*) Han gör det.

Sacke – Pontus!..

Musikläraren – Bra! här har du papper. *(Till orkestern)* Då kör vi…

Orkestern spelar en låt och Sacke sjunger som om han aldrig gjort annat vilket verkligen imponerar på både hans kompisar och musikläraren.

Musikläraren – Det var riktigt bra, det har du nog inte gjort för sista gången. Ska ni prova nu då.

Pontus – Nej, jag står nog helst lite i bakgrunden om jag får välja.

Niklas – Jag står över helt när det gäller sången, men nån liten roll kanske. Helst vill jag inte säga nåt heller.

Musikläraren – Det går nog att ordna det också.

Klara, Bojan, Linn och Bea kommer in på scenen.

Bojan – Oj, har ni redan börjat!

Niklas – Vi sjunger upp lite bara.

Musikläraren – Vi börjar repetera alldeles strax, var bara tvungen att testa vår nya stjärna här.

Sacke – Äh, lägg av, va!… Är det nån mer som ska sjunga med mig eller?

Bea – Linn kanske?

Sacke – (*Till Linn*) Ska du sjunga med mig?

Linn – Jag? Eh…

Linn sjunker ihop som om hon svimmar.

Sacke – Vad är det med henne!

Bojan – Näringsbrist. Hon behöver nog lite socker.

Sacke – Jag har en cola. Hon kan få den…

Irma kommer in och alla tjejer tystnar som om de inte vill kännas vid henne.

Irma – Hej, får man vara med eller har ni redan börjat? (*Ser Linn.*) Vad är det som har hänt?

Klara – Skit i det du.

Irma – Vad är det nu då?

Klara – Ingenting.

Irma – Vad är det med dig egentligen?

Klara – Som om du skulle bry dig va. Vi är ju bara luft för dig.

Irma – Jag fattar inte vad du pratar om.

Klara – Vad är det du inte fattar nu då helt plötsligt.

Irma – Ingenting. Först är ni hur vanliga som helst, sen vill ni bara inte prata med mig.

Klara – Är det så konstigt då när du skriver som du gör.

Irma – Vadå skriver!

Klara – (*Tar fram mobilen och läser upp meddelandet hon fått.*) "Jag trodde du var en kompis men nu fattar jag att du bara är en töntig liten skit som tror att du är nåt. Du är inte bara ful, du har fula kläder och beter dig som en barnunge också. Jag fattar nu varför ingen vill vara kompis med dig. Jag skulle aldrig ha kommit hit för då hade jag sluppit träffa dig överhuvudtaget. Jag önskar du vore död."

Irma – Vad är det för något?

Klara – Det borde väl du veta, det är ju du som har skickat det…

Irma – Jag har inte skickat nåt sånt, har du blivit tokig?

Bea – Visa telefonen då.

Irma – Jag har ingen telefon, nån har snott den, ett tag trodde jag faktiskt att det var nån av er.

Klara – Är du dum i huvet, vi skulle väl inte sno nån telefon av nån.

Irma – Vem är det då som har tagit telefonen och skickat meddelanden till er? Det är i alla fall inte jag.

Idrottsläraren kommer in

Idrottsläraren – Är det någon av er som har sett Nora idag?

Linn – (*Kvicknar till något*) Nora? Vi skiter väl i henne.

Sacke ger Linn en colaburk som hon i sin tur ger till Irma.

Bea – Hon hänger väl med Kim någonstans.

Idrottsläraren – Jag har redan pratat med dom om det och dom har inte sett henne sen igår. Hon mådde inget vidare sist jag såg henne så jag trodde hon var sjuk, men när jag ringde hennes mamma så har hon inte varit hemma på hela natten. Jag tänkte att hon kanske var med här…

Sacke – Det skulle dom aldrig drömma om…

Bea – Vad säger dom om att ni är här då?

Sacke – Jag bestämmer väl själv vad jag vill göra eller inte.

Klara – Jag fattar inte, har nån varit taskig mot henne eller nåt.

Sacke – Det har dom säkert, du vet ju hur dom funkar.

Bea – Tänk om dom har gjort nåt mot henne, sagt nåt dumt eller så och så har hon stuckit, hon kanske har gjort nåt dumt, hoppat från nån bro eller nåt.

Klara – Varför skulle hon göra det.

Irma – Hon ville vara med i pjäsen.

Klara – Hur vet du det.

Irma – Jag har pratat med henne.

Bea – Tänk om hon har det då. Tänk om hon har hoppat från en bro eller nåt annat dumt.

Idrottsläraren – Det får vi hoppas att hon inte har. Ingen som vet var hon kan vara då?

Irma – Skit också. Jag måste sticka. (*Rusar ut.*)

Linn – Hur blir det med pjäsen nu då. Blir det ingen pjäs…

Sacke – Det är klart det blir, vill du sjunga en bit? vi kan köra duett…

Linn Svimmar av igen.

Idrottsläraren – Oj, oj, oj. Hur är det fatt?

Bojan – Det är inget konstigt, så där gör hon hela tiden.

Idrottsläraren – Vi får bära ut henne i friska luften.

Musikläraren – Ni kan väl träna lite på nån låt så länge.

Lärarna bär ut Linn från scenen.

Bojan – Ganska dramatisk teater det här.

Niklas – Det kan man nog säga.

Musik för scenövergång.

Scen 13.

Nora och Irma

Nora sitter ensam ihopkrupen på scenkanten som om hon tittade ut över ett vattendrag, slänger förstrött några stenar i vattnet och efter en stund kommer Irma in och upptäcker henne där hon sitter.

Irma – Jaha är det här du sitter och hänger.

Nora – Ja. Får man inte det?

Irma – Du vet, det är flera som är oroliga för dig där borta.

Nora – Jaha.

Irma – Dom tror att du har gjort nåt dumt.

Nora – Kanske det.

Irma – Har du suttit här hela natten?

Nora – Har väl gått runt lite.

Irma – Då är du säkert hungrig. Här, det är allt jag har.

Irma ger henne colaburken som hon har i fickan.

Nora – Tack… Du blir väl inte arg nu…

Irma – Nä, vadå?

Nora – Här…(*ger henne mobiltelefonen som hon har i fickan.*)

Irma – Har du hittat den!

Nora – Det var jag som tog den.

Irma – Tog du min telefon! Varför då?

Nora – Jag vet inte, det bara blev så.

Irma – Var det någon som tvingade dig att göra det?

Nora – Kim. Jag ville inte egentligen, men sen blev det bara så och fast jag ångrade mig så känns det så jäkla dumt och jag vet inte riktigt vad jag ska göra nu. Om jag bara kunde hoppa i vattnet och flyta iväg.

Irma – Tur att du inte gjorde det ändå, jag är rätt säker på att det är flera som skulle tycka att det skulle vara dummare än att bara ge tillbaka telefonen och be om ursäkt. Var det du som skrev dom där meddelandena också.

Nora – Nej, det var Kim, dom tog nån knäpp bild också. Irma, förlåt. Jag fattar inte varför jag gjorde det.

Irma – Men det fattar jag och jag fattar också att det finns nån som borde lära sig en ordentlig läxa här. Har du någon telefon.

Nora – Ja, fast den är avslagen. Jag orkade inte höra på det där ringandet hela tiden.

Irma – Får jag låna den? (*Nora slår igång sin telefon och ger den till Irma.*) Du har väl Kims och Sackes nummer?

Nora – Ja, vad tänker du skriva?

Irma – Vänta lite… "Sacke vill träffa dig och snacka ut om en grej, nu, han är på teaterrepetitionen." Och så till Sacke. "Kim säger att hon ändrat sig om teatern nu när du är med och gärna vill vara med hon också om det finns nån riktigt bitchig roll. Säg till musik-Acke att hon gärna vill ha en huvudroll så länge den är tillräckligt stöddig." Sådär ja, du ville väl vara med du också? (*Ger tillbaka telefonen.*)

Nora – Egentligen så.

Irma – Vad väntar vi på då. Om vi snabbar oss så hinner vi äta lite innan.

De går iväg.

Scen 14.

Repetition

Alla är tillbaka vid repetitionerna av musikalen och Kim kommer in med sitt följe av the plastics, Alex och Filippa.

Kim – (*Går fram till Sacke*) Du ville snacka. Kom så går vi.

Sacke – Bra att du kom, jag har fixat en roll åt dig.

Kim – Vad snackar du om? Det var väl nåt du ville säga.

Sacke – Alltså, det blir helt perfekt…

Musikläraren – Vad bra, precis vad vi behöver. Kom här. Man kan lära sig så otroligt mycket av att spela teater, om hur människor är och så.

Kim – Jag fattar verkligen ingenting.

Musikläraren – Det behöver man inte heller, och man måste inte vara den man spelar, man kan spela en bitch utan att vara det. Fattar du? Det som händer är att man lär sig förstå hur olika människor tänker, den här bitchledaren som jag tänkte att du kunde vara är ju som gjord för dig.

Bojan – Som gjord helt enkelt.

Klara – Helt otroligt, passar precis.

Kim – Jag vet inte…

Musikläraren – Snacka inte nu, vi letar fram lite sköna kläder åt dig, sen får du ett manus, så kör vi sen. Du vet, det påverkar ju betygen om man är med. (*Till plasticstjejerna.*) Er ska vi nog också hitta på nåt åt. (*Går iväg med Kim.*)

Alex och Filippa – Cooolt.

Kim – Käften...

Musikläraren – Det är alltid svårt att ta första steget, men bara man kommer in i det så går det bättre och bättre...

Irma och Nora kommer in och möter Kim på vägen. Kim ser ilsket på dem.

Irma – (*Till Klara*) Vad roligt att dom ska vara med, då får vi ju chansen att lära känna varandra lite bättre.

Klara – Inte för att jag fattar vad som tagit åt henne.

Bojan – Hon måste ha slagit i huvet nånstans, det är då vad jag tror.

Bea – Om hon ska vara med... då vet jag inte...

Irma – Ingen är väl sämre än att man kan ändra sig, eller hur Nora.

Nora – Ja. Dessutom tror jag att Alex och Filippa faktiskt vill vara med. Dom törs bara inte säga det.

Irma – Bara för att man är en viss person eller har gjort vissa saker så betyder det väl inte att man kan inte kan ändra sig eller vara olika. Det är väl ingen Disneyfilm vi är med i. Om vi inte kan prata med varandra kan vi ju aldrig ändra på saker.

Sacke – Jag håller med dig jag. Det var nog ingen dum idé att vara med i det här trots allt.

Klara – Bara att sätta igång med repeterandet nu då.

Irma – Det är väl enda sättet, om vi vill få ihop nåt riktigt bra tillsammans. Jag har förresten en jättebra bild här, till affischen...

Irma visar upp den gruppselfie hon har i telefonen. De skrattar.

Musikläraren kommer in igen tillsammans med idrottsläraren.

Idrottsläraren – Nora! Vad skönt att du är här, vi var så oroliga. Din mamma undrar säkert var du är så du borde nog ringa henne.

Musikläraren – (*Till Irma*) Det är några som söker dig där ute.

Irma – Mig?

Musikläraren – Ja, din mamma tror jag och nån till.

Irmas mamma och pappa kommer in.

Irma – Pappa! (*Rusar emot dem.*) Är du hemma... vad gör ni här?

Pappan – Jag kom hem lite tidigare än väntat, så mamma tyckte att vi skulle överraska dig här och se vad ni gör. Du verkar ha funnit dig tillrätta, och nya kompisar har du fått också.

Irma – Ja, ni kanske vill se lite på repetitionerna, vi skulle precis börja.

Pappan – Det passar ju jättebra. Sen, Ikväll tänkte jag att vi skulle kunna äta nåt gott om det finns nåt och kanske se på nån film. Vad vill du ha?

Irma – Det finns inte så mycket här, inte mycket mer än pizza.

Pappan – Ja, alla tycker ju om pizza och så finns det ju överallt...

Irma – Det blir bra, jag vill bara inte se på nån tråkig ungdomsfilm om nån stöddig typ som jäklas med sina kompisar.

Pappan – Mean girls...

Irma – Typ, jag är så himla less på sånt. Får Nora komma med?

Mamman – Det är klart.

Irma – (*Till Nora*) Du äter väl pizza.

Nora – Ja... Men mamma...

Irma – Ingen fara, vi ringer henne, eller hur?

Mamman – Ja visst.

Kim och de andra tjejerna kommer in utklädda till några riktiga mean girls.

Bojan – Snyggt! Passar precis.

Kim – Säkert.

Klara – Ni kommer att fixa det här, det är jag säker på, annars hjälps vi åt. Alla här är lika mycket nybörjare på det här som ni är…

Musikläraren – Ska vi köra då? Redo för första låten… Ett, två, tre…

Orkestern och ensemblen spelar inledningslåten till musikalen.

Scen 15.

Epilogen

Författaren – Ja, svårare än så är det väl inte att göra en sån här pjäs. Några av de olika karaktärerna uppnår sina mål och några förändras en del efter vägen. Några av de svaga blir starkare och de onda blir lite godare precis som det ska i en sån här lite klyschig berättelse. Men fördelen av att vara författaren är just att man kan bestämma hur det ska sluta. Vill man att det ska få ett bra slut där alla har lärt sig något och konflikterna är över så ser man till att det blir så.

I verkligheten däremot är inte allt lika enkelt, även om det borde vara så. I verkligheten är det ofta mycket svårare att lösa konflikter och i verkligheten är det ofta lätt att fastna i konventioner och stereotyper. Vi gör ofta också som andra vill att vi ska göra och istället är det just att få vara den man själv vill och strunta i vad andra tycker, som är det svåra. Men om vi bara skulle bli bättre på att prata med varandra och ta itu med saker istället för att bara tro och låta saker gro till något större, då kanske vi plötsligt skulle lära känna varandra och förstå. Och bara om vi är villiga att förstå, respektera varandra och acceptera varandras olikheter som något bra, istället för att motarbeta dem, då tror jag att vi kan få det mycket bättre, tillsammans. Tack för att ni har tittat.

Författaren går ut och den övriga ensemblen går fram för applådtack.

Offer

En miljöfantasymusikal

av:

Thomas Herrgård

Roller:

Mammans röst

Johan (Johanna)- Berättare

Martin (Martina)

Pomona- Fru till Pax, mamma till Pimpinell, Florentine och Danton

Pax- Pomonas man, pappa

Pimpinell- Dotter till Pax och Pomona

Florentine-Dotter till Pax och Pomona

Danton- Son till Pax och Pomona

Sackarin- Vän till familjen

Modine- Vän till familjen, dräng

Vendon- Man till Santé, pappa till Lacross och Pim

Santé- Vendons fru, mamma till Lacross och Pim

Lacross- Son till Vendon Och santé

Pim- Son till Vendon och Santé

Reporter

Kameraman

Nyhetsuppläsare

Mordana

Rådgivaren

Läkaren

Slavdrivaren

Slaven

Ipadens röst

Astrolog

Domedagsprofet

Försäljare

Minst 4 Soldater

Scen 1.

Prolog

Mammans röst – Gå upp på ditt rum, och kom inte ner förrän du städat upp där, hela golvet är ju fullt av böcker och annat skit.

Johan – Vad ska jag göra av det då.

Mammans röst – ställ det där det hör hemma, du har ju hyllor för det, när jag kommer upp nästa gång vill jag inte se en enda sak ligga och drälla på golvet för då slänger jag det i soporna.

Johan sätter sig uppgivet på en säng, petar lite förstrött med fötterna i skräpet på golvet och hans lillebror Martin kommer in.

Johan – Du är rätt nöjd nu va, varför är det alltid jag som ska få skäll i slutändan.

Martin – Det är väl så det är, du är ju äldst och ska vara den som förstår bättre antar jag.

Johan – Ja du är ju mindre så du har väl rätt att få vara lite dum du.

Martin – Men vad ska du med så mycket böcker.

Johan – Läsa dom såklart.

Martin – Fy vad tråkigt.

Johan – Ja det kan man ju tycka...

Martin – Jag gillar inget vidare att läsa jag. Det händer ju inget, sida efter sida och man kommer ingenvart liksom.

Johan – Har du läst en hel bok nån gång då?

Martin – Jag började väl på en, en gång, skittråkig, om nån gammal hund, vem vill höra om nåt sånt.

Johan – Det finns det säkert många som vill.

Martin – Inte jag i alla fall, har du nån sån bok.

Johan – Vadå om gamla hundar...

Martin – Ja, du har ju så många böcker, vad handlar dom om egentligen?

Johan – Lite allt möjligt, vänta så ska du få se... (*Letar bland böckerna och hittar till slut en tjock bok som ser gammal och sliten ut*) Vill du höra?

Martin – Ok.

De sätter sig mitt emot varandra med boken uppslagen emellan sig.

Johan – ...Det fanns en gång ett land långt borta i ett hav som hette stillheten. I landet Paradiset fanns de djupaste skogarna och de högsta av berg och där levde ett folk som var de lyckligaste av alla människor. (*Tittar upp ifrån boken*) Äh, jag kanske skulle ta och städa lite istället.

Martin – Nej! fortsätt nu, jag kan hjälpa dig med städningen sen.

Johan – I paradiset hade man aldrig hört talas om krig och människorna där levde i all vänskaplig välmåga, men runt hörnet väntade något värre än någon av dem ens kunnat föreställa sig....

Musik. Ljuset går upp och scenen förflyttas till bokens värld.

Scen 2.

Fest i Paradiset

I paradiset planerar man för en stor vårfest, alla i landet är inbjudna och man håller för fullt på att ställa i ordning för festligheterna på scenen.

Pomona dirigerar in folk på scenen.

Pomona – Florentine, vad bra att du är här nu...

Florentine – Var ska jag ställa den här.

Pomona – Ställ ner den här så länge, blommorna, Pax var är blommorna? det blir ingen vårfest utan blommor, Pax!

Pax – Det kommer, det kommer.

Pomona – Vi måste ha musik också...

Pax – Musiken sitter redan här. (*pekar emot orkestern*)

Pomona – Ja, ja. Sätt lite fart nu så det blir någon ordning på det här stället.

Pax – Jag bjöd över lite folk också.

Pomona – Va!... Och det säger du nu. Vilka är det då?

Pax – Ja du vet, dom som bor där på andra sidan.

Pomona – Du känner väl inte dom.

Pax – Nej, men jag tänkte att, äsch kom på fest vet ja, och så får vi träffa lite nytt folk också.

Pomona – Åh vad du gör mig nervös ibland. Det känns inte riktigt bra det här.

Pax – Nu oroar du dig så där i onödan igen, se dig bara omkring, i Paradiset skiner solen jämt, alla är glada, ingen människa kan vara lyckligare än vi är nu, det finns ingenting att oroa sig över. Ingenting... (*sätter fast en blomma i Pomonas hår*)

Pomona – Ja du är då en ständig optimist du. När kommer dom då, kommer det att räcka till alla nu då? Herregud! vi kommer inte hinna bli färdiga....

Pax – Nog hinner det bli fest även om inte allt är klart.

Pomona – Jag vill ju att det ska se fint ut. Särskilt nu när vi får gäster också.

Pax – (*muttrar för sig själv*) Inte ser man någon skillnad. (*möter Sackarin som kommer in*) Sackarin, nu är det bara att spela med annars får hon ett sammanbrott.

Pomona – (*Till Sackarin*) Pax har bjudit hela ön på fest han.

Sackarin – Då är det nog dom som är på väg hit nu då.

Florentine – (*Söker efter nåt*) …Var är mitt läppstift, jag kan inte hitta… är det nån som har sett…

Pomona – Oj, oj, oj… Vi har inte fått upp några girlanger, inga lampor… Var är hon, var är pimpinell?

Sackarin – (*tar upp något från marken, till Florentine*) Är det det här du letar efter?

Florentine – Tack… men det är ju en sten, åh, du är dum som en gammal ko. (*kastar stenen efter Sackarin, han skrattar*) Vad ska jag ha på mig, mamma, vad ska jag ha på mig i kväll?

Pomona – Herregud! Inte vet jag. Det spelar ingen roll Florentine, du som är så söt skulle till och med klä i en säck.

Florentine – Hur kan det bli fest om man inte får klä sig snyggt, jag bara fattar inte (*går ut*)

Pimpinell kommer in på scenen, festklädd och med blommor i håret.

Pax – Pimpinell, vad bra att du kom, mamma håller på att gå upp i limningen här…

Pomona – Pimpinell, Åh vad du är fin min lilla groda. Nu måste vi snabba på här, vi får hjälpas åt med girlangerna, om du tar i här. Sackarin var är Modine?

Sackarin – Han ligger väl nån stans och sover som vanligt.

De hänger upp girlanger på scenen medans andra ställer i ordning annat som kan behövas, mat, fat och liknande. När girlangerna är uppe går de för att se hur det blev och Pimpinell snubblar över och river omkull saker som de ställt i ordning.

Pomona – Pimpinell! Ser du inte vad du gör. Pax! Din dotter drar olycka över oss, varför måste allt hon gör sluta tokigt? Jag tror jag blir galen.

Pax - Låt henne vara bara, hon är ju ung, ungdomar är inte gjorda för att hjälpa till. (*blinkar till Pimpinell*) De har fullt upp med att gå omkring och drömma och bli kära och sådana viktiga saker. (*Pimpinell knuffar till Pax med armbågen och han skrattar till*)

Pomona – Struntprat, hjälp till att städa upp här nu. Man ber om lite hjälp och så blir allt bara värre…

Pimpinell – Gör det nåt om jag går iväg istället.

Pomona – Vart ska du.

Pimpinell – Jag tänkte gå ner till vattnet bara.

Pax – Gå du, Det är ju vår… och festen… den kan du komma till när du känner för det.

Pimpinell springer iväg och är nära att krocka med Pim som kommer in tillsammans med några andra gäster. De stannar upp och ser en stund på varandra, varpå hon rusar till sin bror Danton.

Pimpinell – (*drar Danton med sig*) Danton! Vem är det där?...

Danton – Vem då?

Pimpinell – Schhh! Inte så högt. Han där, jag höll på att springa omkull honom.

Danton – Vad är det med dig, man kunde ju tro att du blivit kär eller nåt.

Pimpinell – Du är ju knäpp..

Danton – Jag! Han tittar på dig och du blir alldeles tossig du.

Pimpinell – Äsch.

Danton – Det är Pim. Konstigt att ni aldrig har setts förr. Jag ska säga åt honom att du vill att ni ska träffas. (*går iväg*)

Pimpinell – Nej! (*rusar efter*) Du fattar ju ingenting du.

Danton – Hej, det här är min syster Pimpinell.

Pim – Hej. Var ni på väg nånstans?

Pimpinell – Nej.

Danton – Inte jag, men hon skulle gå ner till sjön och undrade om du ville ta sällskap.

Pimpinell – Åh, jag döör... (*Rusar ut*)

Pim – Nej vänta! (*rusar efter*)

Danton bjuder in de övriga till festen, Vendon, Lacross och Santé kommer in på scenen.

Vendon – (*klappar om Pax*) Pax, tack för att vi fick komma, (*ser sig om*) Här finns det mycket gott...

Pax – Bara att ta för sig.

Santé – Jag tog med en kaka.

Lacross – Och jag fick med mig lite frukt. (*tar fram en kokosnöt*)

Pomona – Vad snällt.

Pax – Får jag presentera, min fru Pomona.

Vendon – Åh, Pomona, så söt och frisk som en vårvind, vad fint ni har gjort här.

Pomona – Åh tack, fast det är ju inte riktigt klart än...

Vendon – (*Tar hennes hand och bugar*) Vendon till er tjänst. Min fru Santé, Lacross, sonen alltså... Vad vill ni att jag ska hjälpa till med.

Pomona – Äsch, bry dig inte om det...

Florentine – (*Till Danton*) Lacross... konstigt namn det...

Danton – Dom har alltid varit lite konstiga dom där...

Vendon – ...Och så har vi Pim då, men han verkar redan vara nån annan stans, alltid på språng dom där unga.

Santé – Åja! Jag minns en annan som rände och skulle sjunga under min balkong i sin ungdom som om det var nån saga, och sen när man skulle få tag på dig så gled du undan, hal som en fisk var du.

Vendon – Jag vill minnas att det var du som sjöng från en balkong och jag råkade passera förbi, inte kan jag tänka mig att jag skulle ha sjungit nåt överhuvudtaget.

Santé – Nåja, nu far du i alla fall inte runt som en vettvilling längre.

Vendon – Finns ju ingen anledning, när allt gott man kan önska sig finns rakt under fötterna.

Pax – Så sant, är det verkligen inte den bästa av världar. Och nu när våren kommer blir man så glad så man kan sprängas.

Modine kommer in.

Pomona – Där är du ju, (*viskar*) varför kommer du så sent? Vi hade verkligen behövt lite hjälp här.

Sackarin – ....Vackert väder, ingenting att göra, tog en lur...

Modine – Jag hade en så konstig dröm....

Sackarin – Vad var det jag sa han har sovit.

Pax – Jaha ja, och vad handlade den om då.

Modine – Jag drömde att det var krig.

Pax – Krig….

Det blir alldeles tyst en stund, sedan bryter alla ut i skratt.

Sackarin – Han sover än, det hörs, det är bara kroppen som är vaken...

Florentine – Vad är krig.

Pomona – Det är när ett gäng gubbar samlas och slåss och skjuter på varandra för att nån har sagt att dom ska göra så.

Florentine – Ja det låter ju konstigt.

En stunds tystnad.

Vendon – Jag drömde att jag hade en trevlig och snygg fru... (*Santé, ser hastigt på honom*)

Santé – Och sen kom hon och drämde en sko i huvet på dig va....

Vendon – Och sjöng en sång, från en balkong.

Sackarin – En sanndröm alltså. (*Skratt*)

Pax – Nej nu skålar vi.

Santé – För att vi fick komma hit.

Pomona – För våren.

Vendon – Och till den bästa av alla tider....

Det brakar till, orkester, och hela scenen tycks skaka till så att några faller omkull och saker välts.

Modine – (*Efter en stund*) Vad var det?...

Sackarin – Där sprack allt brallorna på Pax, va!

Pax – Det var nog inget särskilt, en liten skakning bara...

Pomona – Jösses, allt som jag har gjort här...

Vendon – Nej men skål då mina vänner...

Alla skålar.

Sackarin – Kanske läge för lite dans här nu då, röj undan för nu blir det party...Musik...

Dans.

Efter dansen kommer Pimpinell in tillsammans med Pim.

Pimpinell – Vad var det som hände.

Pax – Vadå..

Pimpinell – Märkte ni inte, det skakade till så jag nästan ramlade omkull...

Pomona – Det var nog ingenting som du behöver oroa dig för.

Sackarin – Våren kom med en väldig fart bara...

Danton – Och kärleken....

Pimpinell – Pisshuvud.

Pomona – Pimpinell!...

musiken börjar spela och personerna lämnar scenen.

Scen 2b.

Reporter – *(till kameramannen)* Är du redo?

Kameramannen – 1,2,3… Kör, nu…

Reporter – Här i området har seismologer registrerat en kraftigt ökad aktivitet, med flera mindre skalv som har fått hus att skaka och vissa mindre vägar att rasa ihop. Man har också noterat en viss höjning av vattennivån runt hela ön.

Nyhetsuppläsare – Vad vet man om vad som kommer att hända?

Reporter – Man vet inte riktigt vad som kommer att hända än och människorna här verkar så här långt ganska oförstående, men det börjar sprida sig en viss oro bland dem. Ännu har ingen börjat fundera på evakuering utan man väntar och ser och efter vad jag hört så verkar det vara en storm på väg och då är alla humanitära hjälpvägar stängda också….

(Mellanscen)

168

Mammans röst – Hur går det med städningen?

Johan – Det går bra, vi ska bara.

Mammans röst – Jag kommer upp sen och ser hur det ser ut.

Johan – Ja, ja...

Martin – Fortsätt nu så man får veta om allt det där hemska.

Johan – I Paradiset var alltså stora förändringar på gång, men i landet Sorg var läget ett annat. Där levde sedan så länge man kunde minnas den ondskefulla Mordana. Modlöst kunde hon vältra sig i all rikedom man kunde önska men ändå saknade hon både glädje och skratt. Efter åratal av oro över det enda som kunde beröva henne lyckan fanns ingen lycka kvar, bara en outsläcklig törst efter den ungdom och skönhet hon så förtvivlat ville behålla. Men hennes hjärta som hon därför och enligt läkares ordination omsorgsfullt förvarade i en skål, hade efter evigheter av ondska och illvillighet mot allt och alla, sakta börjat förvandlas till den hårdaste sten.

Scen 3.

Hos Mordana i Landet Sorg

Mordana går lite av och an, hon ser in i en Ipad eller liknande.

Mordana – Vad är det här för skitgrejer, Hur får man igång den här skiten, kan du säga det. (*slår upprepade gånger med fingret mot plattan och skakar den*)

Rådgivaren – (*bakom en tidning*) Inte vet jag, ring supporten.

Mordana – Nu så, vilken app är det man ska använda nu då.

Rådgivaren – Spegel spegel, är det väl.

Mordana – Där är den…. Säg mig vem som är den lyckligaste personen här i landet.

Röst från Ipaden – (Entonigt) Åh, det måste vara ni frun…

Mordana – (*till sin rådgivare*) Törs jag ställa frågan?

Rådgivaren – Gör det du…

Mordana – (*som om hon tar sats*) …Vem är den vackraste här i landet.

Röst från Ipaden – Jag kan bara svara att det är du min sköna Mordana…

Mordana – (*fnissar lite för sig själv*) Det visste jag väl, och du bara vågar inte säga nåt annat.

En slavdrivare och en slav kommer in, plockar, fumlar, spiller ut saker på golvet.

Slavdrivaren vänder sig till Mordana.

Slavdrivaren – Förlåt mig, det var inte meningen. Jag har inte haft henne så länge, hon är lite ovan vid jobbet.

Mordana – Nå, så gör någonting åt saken.

Slavdrivaren – Javisst, det ska jag genast. (*plockar lite handfallet bland sakerna*)

Mordana – Men stå inte bara där, gå ut och skjut henne och skaffa dig en ny.

De går ut och man hör ett skott.

Rådgivaren – Jahaja.. det var den det.

Mordana – Å herregud, nu måste det städas också, hur står man ut? (*hon pinglar i en klocka*) Var är hon nu då?

Slavdrivaren blåser en fanfar och en ny person kommer in en läkare.

Slavdrivaren – Er läkare är här nu.

Läkaren rusar fram till Mordana och tar hennes puls, denne går sedan till en glaskupa med ett hjärta i.

Mordana – Hur ser det ut?...

Läkaren – Om sanningen ska fram, så ser det inte så bra ut, dina krafter är inte alls vad de varit och ditt hjärta här börjar allt mer likna en sten.

Mordana – Jösses, om man inte är så intresserad av sanningen då utan bara vill ha en lösning. Ska det vara så svårt att få till nåt rätt, det är väl du som är läkaren.

Läkaren – Ja.

Mordana – Men sätt fart och hitta en lösning innan jag tappar tålamodet. (*till rådgivaren som sitter med en tidning, sorgliga nyheter*) Jaha, ja. Du bara sitter där du, säger ingenting.

Rådgivaren – Mmm.

Mordana – Dig har man då ingen större glädje av.

Rådgivaren – Mmmm.

Läkaren – Det tycks som om du har ett hjärta av sten.

Mordana – Ja, ja…

Läkaren – Det enda som kan bota dig är ett nytt hjärta som är utan skuld, annars är din tid snart ute och hela du kommer att bli till sten.

Mordana – (*till rådgivaren*) Hör du vad han säger din imbecilla dövstumma idiot. Jag behöver ett oskuldsfullt hjärta.

Rådgivaren – Ja, det låter bra det…

Mordana – Om du inte lägger ifrån dig den förbannade tidningen nu så låter jag avrätta dig, vad säger du om det.

Rådgivaren – Mmm, det blir fint.

Mordana – Idiot.

Rådgivaren – Det står här om ett land på en ö som håller på att sjunka i havet.

Mordana – (*Skiner upp*) Äntligen händer det nåt spännande.

Rådgivaren – Om den ön sjunker så kommer alla att dö, då kan de lika gärna ge dig ett hjärta.

Mordana – Du är dum i huvet, ingen vill ge bort nåt hjärta.

Läkaren – Det måste förstås vara från en ogift, oskuldsfull kvinna.

Mordana – (*sliter åt sig tidningen*) Ge mig tidningen... Om de nu kommer att dö kan jag lika gärna utnyttja situationen.

Rådgivaren – Du kunde kanske ge dem ett val.

Mordana – (*som om hon inte hört*) Jag kunde kanske ge dem ett val.

Rådgivaren – Ett sorts ultimatum

Mordana – Ett multi, vad...

Rådgivaren – Ett val.

Mordana – De kan få ett val som de inte kan tacka nej till.

Rådgivaren – Ja just det.

Mordana – Jag är genial, det kan knappast bli bättre...

Rådgivaren – Du är unik Mordana.

Mordana – Vad ska de få att välja mellan då.

Rådgivaren – Det behöver jag nog lite tid för att komma på.

Mordana – Då får du allt komma på nåt riktigt bra om du vill fortsätta leva din parasiterande amöba. (*slänger tillbaka tidningen på honom*)

Läkaren – Tid har du inte så gott om...

Mordana – (*till läkaren*) Stick!...

Läkaren går ut, Mordana går till sitt hjärta och Rådgivaren återgår till tidningen.

Musik- Mordanas sång

Scen 4.

Nyhetsreporter

En nyhetsreporter och kameraman kommer in på scenen.

Påannons – Och nu till nyheterna och det senaste om läget i paradiset...

Nyhetsuppläsare – I paradiset tycks läget ha förvärrats de senaste dygnen. Med oss på telefon har vi vår reporter. Är du med oss... Hallå... Har vi med oss.... Det verkar som om det inte går att...

Reporter – ...Jag har lite trassel med ljudet... Hallå...

Nyhetsuppläsare – Okej, hör du oss…

Reporter – Nu så hör jag.

Nyhetsuppläsare – Hur allvarligt är läget i paradiset.

Reporter – Jag skulle nog säga att det är väldigt allvarligt. Hela ön tycks vara på väg att sjunka och ur en stor spricka som har bildats mitt på ön har det sprutat upp svart rök och aska som regnat ner över ön de senaste dagarna. Vattnet har nu stigit mer än en meter så hela hamnen ligger under vatten och i stormen som var senaste natten så slet sig alla båtar och drev ut till havs.

Nyhetsuppläsare – Hur är det att befinna sig där nu.

Reporter – Det är som en krigszon, igår när vi skulle rapportera inifrån en av byarna här blev vi mer eller mindre jagade av invånarna som ville att vi skulle hjälpa dem därifrån, nu står vi istället en bit utanför för att inte riskera att slitas i stycken av desperata människor.

Nyhetsuppläsare – Hur ser utsikterna ut där nu.

Reporter – Det ser mörkt ut, paniken har börjat sprida sig bland människorna här och man griper verkligen efter halmstrån för att hitta någon utväg.

Nyhetsuppläsare – Tack ska du ha. Och nu om det senaste i sporten, hur lågt har man nu sjunkit i tabellen då Peppe…

Reporter – (*till kameramannen*) Blev det bra det där?

Kameramannen – Där satt den, nu sticker vi.

En hop av domedagsprofeter kommer in med plakat, Pax och Pomona går över scenen.

Domedagsprofet – Undergången är nära, gör bot och avstå allt. Undergången är här era syndfulla kräk. Ångra era gärningar och avstå allt...

Astrolog – (*sitter djupt försjunken över några anteckningar*) Det är nu då den fallna månen står i skorpionen som Hydran för sin mest demoniska kamp för sitt eget liv. Det är när månen är i härskarläge i kräftan som dess huvuden likt en cancersjukdoms metastaser slår ut överallt. Enskilda giriga huvuden på monstret kommer och går.

Pax – Vilken smörja, vi går...

Astrolog – Nej vänta! (*tittar i sina anteckningar*) Jag ser här att otäcka saker är i görningen.

Pax – Det ser vi också.

Astrolog – Jag ser också att något hemskt kommer att hända... (*en stunds tystnad*) ...Och om hjälten kapar ett huvud, ett finger, en hand så växer genast två nya ut i stället. Det är skorpionen som måste övervinnas för att nå fram till skyttens överlägsna universalistiska perspektiv...

Pomona – Vad snackar hon om.

Pax – Jag vet inte riktigt, men jag tror att hon försöker säga att det nog är ute med oss.

Domedagsprofet – Infernalis universalis! Gör bot, avstå allt säger jag er.

En försäljare – Just nu är det stor rea på hela sortimentet. Kom och köp, allt ska bort.

Domedagsprofet – Undergången är här.

En försäljare – Gör ditt bästa köp. Extra lågt pris på allt just nu.

Pax går fram och köper en strumpa.

Pomona – Men vad ska du med den till?

Pax – Det kommer nog till användning.

Pomona – En strumpa?… (*Pomona köper den andra strumpan och de går fnissande där ifrån*) …Du är rolig du. Jag vet inte vad jag skulle göra utan dig.

Pax – Ja du, det vet inte jag heller….

Pim och Pimpinell möts på scenen.

Pim – Ska vi ses sen?

Pimpinell – Okej.

Pim – Vanliga stället?

Pimpinell – Jag kommer…

Pim och Pimpinell går ut åt varsitt håll.

Musik.

Scen 5.

Hos Mordana. Läget förvärras.

Mordana går rastlöst av och an i rummet, hennes ena arm tycks ha blivit livlös.

Mordana – Var är den där förbannade läkaren, fattar hon inte att vi har en akut situation här.

läkaren kommer in med andan i halsen.

Mordana – Jaha där är du. Vad tänker du göra åt den här jävla armen? nu har den helt slutat fungera.

Läkaren – Jag vet inte om det är så mycket man kan göra. Det är det här med hjärtat, det verkar ha börjat nu.

Mordana – Ge mig mediciner då så det blir bra igen.

Läkaren – Jag vet inte med mediciner… när väl förfallet har börjat… då hjälper just inga mediciner.

Rådgivaren – Du skulle ju ha ett nytt hjärta, det skulle du..

Mordana – Jag skulle ha ett nytt hjärta, det skulle jag. (*tar sin Ipad och trycker frenetiskt*) …Vem är den lyckligaste personen i världen?..

Röst från Ipaden – Du är allt ganska lycklig du, men på andra sidan om stillhetens hav bor det lyckligaste folket på denna jord.

Mordana – Vad är det för jävla skitsnack. Vem är vackrast här i världen.

Röst från Ipaden – Längre än man kan minnas har du varit den vackraste att skåda, men din skönhet kommer inte längre i närheten av någon man kan finna i paradiset.

Mordana – Här får man ju bara idiotsvar. (*slår sönder sin Ipad*) Förgör den där ön, Jag är inte nöjd förrän den är borta.

Läkaren – Du borde inte hetsa upp dig så. Du kanske kunde utnyttja situationen lite istället.

Mordana – Inte hetsa upp mig, inte hetsa upp mig. Åh, vad uttråkad jag blev nu. Kan vi inte bara avrätta några på torget som vi brukar.

Rådgivaren – Det gjorde vi ju igår.

Mordana – Men den här odugliga läkaren då, honom kan vi väl lemlästa och hänga upp likdelarna i parken, det kunde bli en fin utställning.

Rådgivaren – Det vore nog ingen bra idé.

Mordana – Nehej, sen när började du komma med några bra idéer då.

Rådgivaren – Det har börjat höras rykten om ett uppror.

Mordana – Vadå för ett jävla uppror.

Rådgivaren – Ja folket är väl missnöjda med hur du sköter landet eller nåt.

Mordana – Dom skulle bara våga.

Slavdrivaren kommer in med en ny slav.

Slavdrivaren – Nu har jag skaffat mig en ny som fungerar bättre.

Mordana – Å, fy fan, skjut den innan den gör nåt tokigt.

Slavdrivaren och slaven går ut och man hör ett skott.

Läkaren – Jo det var det här med hjärtat.

Mordana – Vad är det med det nu då.

Läkaren – Det är det som gör allt det här, Nu är det ena armen, sen blir det kanske ett ben, sen huvudet, och sen…

Rådgivaren – Om du fick ett nytt hjärta så.

Mordana – Du snackar så mycket skit du… Om jag kunde få ett hjärta… Om jag kunde krossa dom lyckliga jävlarna i paradiset… (*går till sin Ipad*) Och nu är den sönder också, inga svar kan man få som är nåt värt.

Rådgivaren – Ge dom ett erbjudande som dom inte kan tacka nej till, ta ditt nya hjärta och lämna de små krypen att sakta dö ut…

Mordana – Herregud! jag måste drömma, du har äntligen kommit med nåt vettigt. Ge honom en medalj.

En person kommer genast in, blåser en fanfar och fäster en medalj på rådgivarens bröst.

Rådgivaren – Ge dom en gnutta hopp, lova dem Östön som kompensation, där bor ju ingen ändå, deras lycka beror ju helt på dig nu...

Mordana – Deras lycka skiter jag väl fullständigt i, världens lyckligaste ska ju vara jag och ingen annan, om du inte har fattat det slår jag in en spik i huvet på dig ditt imbecilla missfoster.

Rådgivaren – Ja, det vore trevligt.

Mordana – Nu vet jag, jag lovar dem att de får bosätta sig på Östön om de bara ger mig ett hjärta.

Rådgivaren – Du är klok du.

Mordana – No shit... Stick för fan härifrån nu så jag får vara ifred ett tag...

de andra går ut och Mordana plockar mödosamt upp bitarna efter sin Ipad med den enda armen som fungerar.

Musik

Scen 6.

Vid stranden

Fyra personer sitter vid scenkanten och tittar ut över publiken som över ett stort hav.

Pomona – Vad kommer att hända nu?

Pax – ser du stillheten? vågorna som krusar upp vitt skum. Nu går dom upp hit, (*visar strandkanten*) snart kommer de att ha flyttat sig hit, sen hit och innan vi vet ordet av så står vi med vatten upp till knäna.

Sackarin – (*Sitter vid sidan om och petar förstrött med en pinne i sanden*) Allt kommer bli till hav som vi ser det.

Pomona – Oj, då skulle man ha lärt sig att simma.

Modine – Vad gör vi nu då?

Pax – Ser du där ute? längst där ute, där det vita skummet möter himlen.

Pomona – Ja, eller jag vet inte.

Pax – Det skulle kunna bli en tillflykt.

Sackarin – Landet sorg är ingen bra plats, tro mig, ingen borde vilja åka dit, ingen överlever där.

Modine – Ingen kan simma så länge att den överlever i stillheten.

Pomona – Det känns inget bra det här.

Sackarin – Vad vi än gör eller tänker så blir det fel verkar det som.

Pax – Jag tror att vart vi än vänder oss så blir det bra så länge vi har varandra.

Modine – Jag är så rädd för vad som kommer att hända, jag vet inte vad jag kommer att göra, jag hoppas verkligen att det inte är nåt dumt om det är slutet som kommer nu.

Pax – Vi håller ihop vad som än händer, eller hur…

Modine – det är väl så, fast jag hoppas så innerligt att något kommer hända som gör att allt blir som innan.

Lacross och Vendon kommer in.

Vendon – Så, här sitter ni och tittar ut?

Sackarin – Det är inga vidare utsikter.

Vendon – Nej, jag ser det.

Lacross – Och det här skulle vara de bästa av tider. Var det inte så du sa?

Vendon – Vad väntar vi på?

Sackarin – Ett under, eller tecken, vi vet faktiskt inte vad vi ska göra.

Vendon – Om solen går upp är det ändå ett tecken om att vi måste fortsätta.

Pax – Vi väntar väl på solen då…

Det mörknar på scenen.

Musik, Pax sång.

Scen 7.

Bar-scenen, komplotten

En skum bar med lite rockig musik, några soldater ur Mordanas armé träffas i hemlighet, de småpratar lite och det verkar som om de är upprörda, vid slutet av musiken kommer slavdrivaren in.

Soldat 2 – Där är hon ju.

Soldat 1 – Vad bra att du kom, det var väl ingen som såg dig?

Slavdrivaren – Det tror jag inte. Jag smet iväg efter att de gett sig av ut på havet.

Soldat 1 – Det är bäst att de inte har sett nåt för annars är det ute med oss. Vad har du fått veta?

Slavdrivaren – De har gett sig iväg mot paradiset för ett kort besök, men de planerar att åka dit snart igen, tre dar tyckte jag att jag hörde nåt om.

Soldat 2 – Det måste ske snart.

Slavdrivaren – För varje dag som går blir Mordana allt sämre.

Soldat 1 – Då är det bråttom. I hennes tillstånd kan hon göra vad som helst, om vi inte gör nåt snart kommer hon dra med oss alla i fördärvet.

Soldat 2 – Efter att dom kommit hem, eller vid nästa resa, vi kan inte vänta längre.

Slavdrivaren – Vänta på signalen, då och bara då kan allt börja... Säg nu inget om att jag sagt nåt. Ingenting till någon.

Soldat 1 – Nej, nej...

Slavdrivaren – Ingenting alls.

Soldat 1 – Inte ett knyst. Men säg till om du hör nåt mer.

Slavdrivaren – Ni får besked så snart jag vet något mer.

Slavdrivaren lämnar scenen.

Soldat 1 – Äntligen, måtte det gå vägen.

Soldat 2 – Nu får det ske. Bollen är i rullning.

Soldat 1 – Inga huvuden rullar mer...

Musik

Scen 8.

Mordana kommer, erbjudandet läggs fram

Mordana anländer till ön Paradiset tillsammans med sina vakter och talesmän/rådgivare. Byborna väntar vid stranden.

Santé – Vad är det där? titta, är det... jag tror det kommer en båt.

Pomona – Kanske vi är räddade.

Santé – Det kommer en båt, vi är räddade...

Sackarin – (*tittar i en kikare*) Det är fullt med folk, det är soldater tror jag.

Pax – Vad kan dom vilja.

Modine – Det kanske blir krig.

Vendon – Tror du? Dom Kanske kan ta oss härifrån.

Pax – Det skulle nog krävas en ganska stor båt till det.

Mordana stiger iland följd av några vakter.

Mordana – Så det är så det ser ut i paradiset, bara dystra miner...

Pomona – Är ni här för att rädda oss.

Mordana – Som jag förstår det så har ni ett problem.

Sackarin – Det kan man nog säga det.

Mordana – Ni har ett stort problem och jag har alla båtar ni skulle kunna behöva. Jag skulle kunna rädda er allihop och ge er en egen ö att bo på istället för det här sjunkande skeppet. Men i gengäld skulle jag vilja att ni hjälpte mig med en liten, liten sak.

Vendon – En liten sak, säg bara vad så ordnar vi det.

Mordana – Nu är det ju så att jag inte kan gå omkring och hjälpa en massa människor dagarna i ända, men jag har en sån förfärlig längtan efter en egen dotter, ett oskuldsfullt litet liv med ett varmt hjärta. Ni ger mig ett av era oskuldsfulla barn och jag ger er möjligheten till ett nytt liv. I annat fall så lämnar jag er att sjunka i havet.

Pax – Vadå, ska vi ge dig en av våra egna för att du ska vilja rädda oss.

Mordana – Jag vill ha ett hjärta ditt inbilska lilla kryp, ska det vara svårt att fatta.

Pax – Jag vet inte jag…

Mordana – Ni får tre dagar på er att bestämma er för hur ni ska göra. Så, nu har jag sagt mitt.

Mordana går iväg.

Pomona – (*rusar efter*) Men…

En av soldaterna knuffar Pomona tillbaka.

Soldaten – Mordana har sagt sitt, vi ses igen om tre dagar.

Pax – Hur kan ni göra så? vad är ni för barbarer? är ni inte människor.

Soldaterna och Mordana lämnar scenen och de andra står stumma kvar.

Santé – Vad gör vi nu då.

Lacross – Ge henne vad hon vill ha.

Santé – Och vem hade du tänkt dig att vi skulle offra.

Pax – Kan vi inte bara döda kärringen och ta hennes ö.

Pomona – Men så du säger....

Santé – Vad kommer att hända med personen som hon får med sig här ifrån då.

Pax – Troligen döden.

Pomona – Usch, tror du...

Pax – Du hörde väl vad hon sa, hon vill inte ha nåt barn, hon vill ha ett hjärta. Inte vet jag vad hon ska med det till, äta det kanske.

Santé – Men fy, så kan man väl inte göra.

Sackarin – Ge henne nåt annat hjärta då, från en gris eller nåt, hon kommer väl inte märka nån skillnad.

Vendon – Det gör hon säkert.

Lacross – Ge henne Claré, hon kan ju ändå inte gå ordentligt, och lite bakom är hon också.

Danton – Så att man inte kan gå kan räcka för dig, jag har för mig att din syster har lite dålig syn på ena ögat kan inte det också vara tillräckliga skäl i så fall.

Lacross – Hur tänkte du att man skulle lösa det då, du som är så himla smart. (*pickar honom i pannan med ett finger*)

Danton – (*slår bort hans hand*) Jag försöker i alla fall tänka med rätt del av kroppen.

Lacross – (*Böjer sig fram som för att visa rumpan åt honom*) Bäst man sätter fart på lite tankeverksamheter här då, oj, oj, oj, vad Danton tänker och tänker han, pannan i djupa veck.

Danton sparkar till honom i ändan så han nästan faller framåt. De ryker ihop och börjar slåss.

Vendon – Stopp! sluta. (*de drar isär slagskämparna*) Vi får rösta, eller dra lott.

Florentine – Jag tänker då inte vara med i nåt lotteri.

Vendon – Det bestämmer väl inte du.

Pax – Det gör väl inte du heller.

Vendon – Jaha, så nu är det plötsligt du som vet och bestämmer allt. Vi kommer ingen vart med det här, kom så går vi, (*till Pim*) Släpp henne nu och kom med här.

Vendons familj lämnar scenen och Pimpinell ser efter dem.

Sackarin – Nu sitter vi allt riktigt i klistret.

Modine – Det kanske blir krig trots allt…

Florentine – Usch då.

Pomona – Det är nog ingen idé att vi träffar dem på ett tag, hör du det Pimpinell.

Pimpinell rusar ut.

Sackarin – Hur ska vi kunna lösa det här problemet nu då?

Pax – Vi får vänta och se, det ordnar sig säkert, om vi bara väntar så dyker det nog upp nåt, det brukar det göra.

De lämnar scenen.

Musik

Scen 9.

Pim och Pimpinell

Johan – …Och över det lilla landet paradiset smög sig ett mörker utan vare sig början eller slut. En outsläcklig sorg grep om deras bröst som en isande hand och allt omkring dem låg i tystnad.

Pim och pimpinell kommer in på scenen med ficklampor, de tycks söka varandra i mörkret.

Pimpinell – (*viskar*) Hallå, hallå…Pim, är du där?

Pim – Här är jag.

Pimpinell – Var är vi?

Pim – Å shit! vad otäckt det blev här.

Pimpinell – Är du där.

Pim – Här står jag, alldeles intill dig. Luta dig lite, så, känner du.

Pimpinell – Ja.

Pim – Jag ska vara här hos dig.

Pimpinell – Är det säkert, för alltid?

Pim – Ja.

Pimpinell – Hur kan man vara så rädd för något som man ändå vet att man inte kan göra något åt.

Pim – Vi vill ju leva, ha någon att älska, ha fred och frihet, det är bara så det är. (*Paus*)

Pimpinell – Men hur ska det gå för oss, ska vi bara skumpa runt här som i ett stort svart hål när allt är borta.

Pim – Ja vad ska jag säga, som inte gör dig mer ledsen...

Pimpinell – Kan vi inte bara sitta tysta här bredvid varandra.

Pim – Visst...

De sätter sig ned och lutade mot varandra ser de en stund tyst ut över salongen.

Musik, Pimpinells sång

Pimpinell – Kan vi inte bygga en ny plats att bo på, du och jag.

Pim – (*Utan att mena det*) Såklart.

Pimpinell – (*Tyst en stund*) Kanske en stor flotte, som rymmer allesammans…

Pim – Den skulle vara bra stor då.

Pimpinell – Ja, som hela den här ön… (*Suckar*). Det var dumt…

Pim – Nejdå…

Pimpinell – (*Tyst en stund*) När allt ändå går åt pipan känns det så konstigt att vi ska behöva träffas såhär i hemlighet.

Pim – Men det vet du ju, jag får inte träffa nån från eran sida. Det skulle bli ett jäkla liv, jag skulle inte få gå nånstans och då skulle vi kanske inte få möjlighet att träffas alls.

Pimpinell – Tycker du inte om mig tillräckligt.

Pim – Klart jag gör.

Pimpinell – Då rymmer vi tillsammans.

Pim – Vart då… (*Vänder sig emot henne*) Jag är så ledsen, det var inte meningen att det skulle sluta så här. Om bara allt varit som vanligt hade också allt varit annorlunda.

Pimpinell – Det känns som om alla tårar tagit slut.

Pim – Ja, och ändå är det inte slut på gråten. Pimpinell, kan du bara tro mig när jag säger att; jag lever hellre en liten stund med dig än ett helt liv utan.

Pimpinell – Jag med… fast… (*de kramar varandra*) …Vad var det!

Pim – Fort göm dig.

Scen 10.

Bortrövandet/mordet

Ett maskerat gäng kommer in med ficklampor, de tycks söka efter nåt och passerar över scenen. Man hör skrik och efter en stund kommer de fram igen och då med Pimpinells syster Florentine med en säck över huvudet. De rör sig mödosamt över scenen med en sprattlande Florentine emellan sig och innan de hunnit undan hindras de av Pax, Modine och Danton.

Danton – Stopp, stanna…

Pax – Vad är det som händer här?…Vad tar ni er till!

Lacross – Hindra dom! Vi måste få ett slut på det här.

Danton – Flytta på er, flytta på er sa jag…

Modine och Danton försöker dra säcken av huvudet på fången. Danton hålls fast av Vendon, men Modine lyckas dra av säcken och då Pax ser att det är Florentine angriper han Vendon bakifrån och stryper honom med sin strumpa. Lacross släpper flickan och tar upp en kniv som han hugger Pax i ryggen med, han fortsätter att hugga tills Pax ligger livlös på marken.

Pomona – (*Kommer in på scenen och rusar fram mot den liggande Pax*) Nej!...Pax!.. Pax... Vad har ni gjort? Har ni inga gränser... Han är alldeles stilla... Pax, säg nåt... Han lever inte längre. Pax, varför andas du inte? varför säger du inget?... PAX...Var det så det skulle bli? att vi skulle döda varandra. Ni har dödat Pax, ni har dödat freden...

Pim och Pimpinell rusar in på scenen.

Pimpinell – Vad är det som händer här? (*går fram mot den döde*) Vad är det här, vad har dom gjort? Men, pappa... Har dom dödat honom, mamma har dom det... pappa... Är det ni som har gjort det här? Har ni mördat min pappa? Är det du.... eller du, Lacross, din skinnstrykande lilla skitpotta. (*Går mot Lacross, men hindras av Pim som försöker hålla om henne*) Släpp mig!

Pim – Men Pmpinell...

Pimpinell – Fattar du inte? Det är du och din familj som står för all skit här, jag vill inte se dig mer, fattar du, jag kan inte se dig mer... (*hon rusar ut med tårar i ögonen*)

Kvar på scenen är liket efter Pax och Pomona som sittande håller om hans huvud omringade av de båda familjerna och resten av invånarna som en efter en kommer in på scenen. Musik

Scen 11.

Upplösningen

Invånarna står kvar på stranden från scenen innan och ljuset går upp. Mordana anländer med båt mer anfrätt än tidigare och i sällskap av några soldater. Det är tyst på scenen.

Mordana – Åh vad är det här, vilken glädjefest, har jag missat allt det roliga. (*ser Pax liggande på scenen*) Men lilla gubben då, han blev så trött av att vänta på mig så han blev tvungen att vila.

Pomona – Han är död, ditt känslolösa kadaver.

Mordana – Men så sött, hon tar sig ton det lilla stycket, hon har inte fattat att jag kan krossa henne som ett ruttet litet äpple... Någon mer som vill säga sitt hjärtas mening här, kanske få sina inälvor utslitna och slängda till grisarna.

Vendon – (*Till Sackarin*) Vad var det jag sa, hon skulle fatta...

Mordana – Jaha, här har vi en som vill öppna sitt hjärta för Mordana. Nå...

Vendon – Vi har inget mer att tillägga där.

Sackarin – Han skulle bara... (*Mordana stirrar stint på honom*) ...Säga att det var inget särskilt.

Mordana – Nå har ni kommit till ett beslut här då?

Sackarin – Jag tror inte att vi kan.

Mordana – Jaså. Jag som trodde att ni var resonabla.

Sackarin – Vi kan inte.

Mordana – Kan inte vadå?

Sackarin – Bestämma.

Mordana – Vi får ta nån ändå, (*till soldaterna*) Hämta hit nån som passar.

Pomona – Tycker ni inte att vi har offrat tillräckligt här. Vad är det för fel på dig...

Mordana – Jag tror inte att ni förstår, Ni har inte längre nåt val, förstår du inte, ni kan inte välja någonting. Ni kan ha offrat allt och det är ändå bara jag som avgör hur det ska gå för er.

Pomona – Har ni inget hjärta i kroppen....

Mordana – Nej, det kan man säga.

Florentine – Nej, släpp mig....

Soldaterna kommer fram med Florentine och Mordana synar henne.

Mordana – En riktig godbit. Det blir bra. (*Känner på hennes hjärta*) Det blir riktigt bra. Ta henne till båten. Vi får skicka båtar så ni kommer till undsättning senare...

Mordana vänder om för att gå. Pimpinell kommer ut ur folkmassan klädd i vit offerskrud med blomkrans i håret.

Pimpinell – Stopp! Ta mig istället.

Mordana – Dig skiter jag i, jag har redan en.

Florentine – Nej!

Pimpinell – Jag vet vad du vill ha, det där är bara ett barn, jag är en ung kvinna och jag har ett hjärta av eld.

Mordana blir tveksam och går tillbaka för att se på Pimpinell.

Mordana – Är du riktigt frisk i huvet, varför gör du det?

Pimpinell – Jag offrar mig för livet och allt jag älskar.

Mordana – (*Efter en stunds tvekan*) Smakfullt... Vi tar henne istället.

De släpper Florentine och börjar istället gå med Pimpinell emot båten. Då rusar plötsligt Pim fram, förbi Mordana och fram emot båten.

Pim – Nej! Om du tänker ta henne får du först ta dig förbi mig.

En av soldaterna ger en tydlig signal och soldaterna släpper Pimpinell som rusar mot Pim.

Mordana – Vad gör ni, ta fast henne. (*Soldaterna gör ingenting*) Hör ni inte vad jag säger, har ni mist förståndet, ta fast henne. (*Till en av soldaterna*) Du där skjut honom (*pekar på en soldat*) Men hör vad jag säger, skjut honom... skjut dig själv...

Soldaten – Det får vara nog nu Mordana, det får vara slut på mördandet. Vi har fått nog av dig.

Mordana – Nu hör jag nog inte riktigt vad du säger.

Soldaten – Det är slut med ditt tyranni nu, du har ingen makt över oss här. Det är du som är död nu och ingen kommer att rädda dig. Bind henne.

Två soldater kommer fram och binder Mordana.

Mordana – Det är myteri.

Soldaten – Ja det kan man säga, eller revolution. Sätt henne i en livbåt… utan åror.

Soldaterna drar iväg med Mordana.

Mordana – Det kommer att bli ett jävla liv. Jag ska hämnas det kan jag lova och många huvuden kommer att rulla….

Soldaten – (*Pekar på Mordanas rådgivare*) Ta honom också, bind honom och sätt honom i båten med Mordana, han kan få lyssna på hennes gnäll, det blir ett bra straff det.

Rådgivaren – Släpp mig.

Mordana – Är det det bästa du kan säga du.

Rådgivaren – Så här kan ni inte göra, det är mot lagen.

Soldaten – Vems lag.

Rådgivaren – Hennes.

Soldaten – Ta bort dem.

Mordana och Rådgivaren förs bort.

Pim – Pimpinell, du trodde väl inte en sekund att jag svikit dig.

Pimpinell – Jo.

Pim – Jag kommer aldrig att lämna dig igen.

Pimpinell – Lovar du.

Pim – Herregud, det var ju du som lämnade mig.

Pimpinell – Ja, men du får aldrig lämna mig.

Pim – Såklart. (*de kramar om varandra*)

Soldaten – Lasta båtarna, med så många vi kan. (*till folket*) Nu ska ni få en fristat i vårt land.

Sackarin – Det blir väl ett sorglöst land?

Soldaten – Sorgen lämnar vi efter oss så att lyckan som vi bär inom oss kan få en chans att komma ut igen.

Folket går mot båtarna. De tar med sig så mycket de kan av de saker som använts i pjäsen, väskor, husgeråd och möbler eller sängkläder. (Som den stora utvandringen – Pjäsens Exodus.)

Soldaten – (*Till Pomona*) Kom nu, vi måste gå om ni ska komma med på båtarna.

Pomona – Men Pax!

Soldaten – Du får lämna honom här.

Pomona – Det kan jag inte.

Soldaten – Vi kan inte ta med oss döda människor förstår du väl.

Pomona – I så fall stannar jag här, freden har lämnat oss, och ändå är allt jag har kvar just här. För mig finns ingenting någon annanstans.

Florentine – (*ropar ifrån båten*) Mamma!

En av soldaterna – Men hör du inte, dina barn. Tänker du lämna dem?

Pomona – Dom kommer ändå att lämna mig, dom är stora nu och kommer att klara sig. Själv vet jag inte riktigt, mitt liv är här, jag vet ju inget annat.

En av soldaterna – Ok, men om du inte kommer nu så blir du kvar här.

Pomona – Jag kan inte bara lämna honom här. Åk ni om ni ska få plats på båtarna, jag hör hemma här hos Pax.

En av soldaterna – Men...

Pomona – Åk säger jag!... och ta väl hand om mina barn.

En av soldaterna – Vänd om, mot båtarna.

De sista av folket lämnar scenen, mot båtarna.

Pomona – Nu Pax är det bara du och jag, som det alltid varit... i paradiset... Dom klarar sig, det är jag säker på, det har dom alltid gjort... Jag ska göra det fint för dig här där vi hör hemma...

Musik- Pomonas sång.

Florentine – Mamma!

Pomona – Åk ni, jag klarar mig. Jag kanske kommer sen.

Ljuset går ned.

Nyhetsuppläsarens röst – Den stora katastrofen som drabbat paradiset är nu ett faktum. Med förödande kraft har stormar och jordskalv nära nog förintat den lilla ön och samhällena där. Hur många som hittills har fått sätta livet till är omöjligt att svara på tills alla offer har räknats, men antalet döda förväntas stiga. En stor del av invånarna har evakuerats till andra öar, men utsikten att någon dag återvända är i stort sett obefintlig då inte mycket av det som en gång var paradiset längre återstår. Det är knappast troligt att någon som varit kvar kan ha överlevt det inferno av eld, rök och vatten som avlöst varandra.... Och nu över till något roligare, dagens litteraturtips, vår litteraturkritiker har läst en ung debutant, romanen genom eld och vatten av....

Scen 12.

Epilogen

Martin – Oj, vilket slut, vad händer sen då?

Johan – Ja, jag vet inte riktigt.

Martin – Vadå! vet du inte hur det slutar? hur kan man inte veta hur det slutar?

Johan – Det är ju därför man har sin fantasi, fattar du väl. Ibland får man inte veta allt och då fyller man i och lägger till.

Martin – Jahaja. Men hur kan det ha gått för dem som flytt eller för Mordana?

Johan – Såvitt jag vet så levde de sedan någotsånär lyckliga länge efter det och Mordana och hennes rådgivare guppar väl ännu kvar där på havet i sin lilla båt…

Martin – Eller så har hon förvandlats till sten och sjunkit till botten.

Johan – Ja just det.

Martin – Ska vi städa upp det här nu då?

Johan – Ja det är väl bäst det innan morsan kommer, annars får man väl utegångsförbud tills man blir myndig.

De börjar rafsa ihop böckerna som ligger utspridda på golvet.

Martin – Har du nån bra bok som man kan få låna.

Johan – Vadå för nåt.

Martin – Inte vet jag, nåt spännande.

Johan – Om hundar…

Martin – Nej, inte det, nåt annat… du fattar.

Johan – (*Tar upp en bok ur högen*) Den här, den är spännande… om en häst… nej jag bara skojar. Prova, den kanske du kommer att gilla…

Martin – Tack, jag ska prova, jag ska nog börja nu på en gång…

De sätter sig ner på varsin sida om sängen och ljuset går ner tills bara sänglampan lyser.

Musik- Avslutningssången. Alla roller kommer en efter en in på scenen och sjunger med i sången.

Applådtack.